AI 시대
나는 어떻게 살아남을 것인가

저자 소개

안 영 재 | 경영지도사 · KPC 전문코치

성균관대학교 산업공학과를 졸업하고,
같은 대학 글로벌창업대학원에서 석사 학위를 받았다.
삼성코닝과 기아자동차에서의 실무 경험을 바탕으로
현재는 SME경영연구소 대표로 활동하며,
중소기업과 창업자의 성장 전략을 컨설팅하고 있다.
창업진흥원 창업지원사업 평가위원, 중소벤처기업부 비즈니스지원단 전문위원,
경기도시장상권진흥원 평가위원으로서 현장 중심의 실질적 지원을 이어가고 있다.
그는 "AI 시대의 생존전략은 결국 자신만의 브랜드를 갖는 것"이라고 말하며,
가장 중요한 것은 자신의 정체성과 스토리,
그리고 이를 통해 신뢰를 얻는 개인 브랜드의 힘이라 강조한다.
퍼스널브랜딩과 AI 실습을 결합한 프로그램을 개발해
일반인부터 시니어, 예비창업자까지 스스로 브랜드를 설계하고 성장하도록 돕고 있다.
또한 한국코치협회 인증 KPC 전문코치로서,
경영지도사의 분석력에 코칭의 질문력과 경청력을 더해
사람들이 스스로 답을 찾고 방향을 세우도록 이끈다.
그의 코칭은 단순한 조언이 아니라,
AI와 인간의 조화를 통해 개인과 기업이 함께 성장하는 과정이다.
저서로는 『디지털 마케팅』, 『소상공인! 이렇게 생존합시다』,
『e-book 소상공인 생존전략』(공저)이 있으며,
현재는 강연과 칼럼, 워크북을 통해 'AI와 함께 성장하는 브랜드의 시대'를 열어가며,
개인과 기업이 지속 가능한 성장을 이루도록 돕고 있다.

저자와의 소통
이메일 ajumild@naver.com

ChatGPT와 함께 설계하는 나만의 브랜드 전략

AI 시대 나는 어떻게 살아남을 것인가
- 퍼스널 브랜드 전략!

안영재 지음

가나북스

머리말

AI 시대, 우리는 어떻게 생존할 것인가?

우리는 지금 기술의 거대한 전환점에 서 있다. 이세돌이 알파고에 패한 지 5년 만에 AI는 엄청난 기술적 진보를 이루어냈다. AI는 이제 더 이상 먼 미래의 기술이 아니다. 이미 우리의 일터, 일상, 인간관계에 깊숙이 스며들고 있으며, 변화의 속도는 예상보다 훨씬 빠르다.

맥킨지에 따르면 2030년까지 약 8억 개의 일자리가 AI와 자동화에 의해 대체될 수 있다고 한다. 대기업의 구조조정이 연일 뉴스에 오르고, 안정직이라고 여겨졌던 직무조차 위협받고 있는 지금, 우리는 더 이상 과거의 방식으로 미래를 설계할 수 없다.

이런 불확실성 속에서 살아남고 성장하기 위해, 우리는 무엇을 해야 할까? 아니, 더 나아가 어떻게 하면 그 변화 속에서 새로운 기회를 만들 수 있을까?

최근 만난 한 마케터는 10년간 전통적인 마케팅만 해왔던 자신이 AI 등장으로 위기를 느꼈다고 고백했다. 하지만 그는 이를 기회로 전환했다. 기존 마케팅 경험에 AI 도구들을 접목하여 '데이터 기반 AI 마케팅 전문가'로 자신을 재 정의한 것이다. 이제 그는 AI를 활용한 고객 분석과 콘텐츠 최적화로 기업들의 성과를 획기적으로 향상시키며, 업계에서 주목받는 전문가가 되었다.

또 다른 사례로 논술학원 교사 P씨는 AI 기반의 맞춤형 학습 시스템을 개발해 'AI 국어 멘토'로 자신을 재 브랜딩했다,
그 결과 학생 수는 늘어나고 콘텐츠 영향력도 배가되었다.
이처럼 시대의 변화는 누군가에게는 위기지만, 누군가에게는 새로운 출발점이 된다. 결정적인 차이는 단 하나 - 나만의 브랜드가 있느냐는 것이다.

AI 시대, 살아남는 사람들의 공통점

AI가 대체하기 어려운 사람들의 특징은 분명하다.
그들은 단순히 일을 잘하는 사람이 아니라, 브랜딩된 전문가'이다.
즉, 자신이 속한 분야에서 특화된 정체성을 가진 사람이다.
예를 들어, 단순히 '변호사'가 아닌 "전세사기 전문 변호사", 단순히 '수학강사'가 아닌 "공부 의욕을 끌어올리는 수학 코치"처럼 자신의 전문 영역을 기억될 수 있는 이름으로 만든 사람들이다.

AI는 무한한 데이터를 분석할 수 있지만,
사람의 신뢰와 감정을 얻는 '브랜드화된 이름'은 대신할 수 없다.

결국 모두를 다 하려는 사람은 잊히고, 한 가지에 집중한 사람이 기억된다.

"모든 걸 다 할 수 있지만, 하나를 선택해 집중해야 고객의 마음속에 자리 잡는다."

이 말은 이제 선택이 아니라 생존의 원칙이다.

AI 시대의 경쟁력은 '무엇을 잘하느냐'보다 '어떤 관점으로 기억되는가'에 달려 있다.

퍼스널 브랜딩은 더 이상 마케팅 전문가나 셀럽에게만 해당되는 이야기가 아니다. 오히려 지금처럼 기술이 인간을 대체하는 시대일수록, '인간만이 할 수 있는 일', '그 사람만이 가진 시선과 가치를 드러내는 작업'이 더 중요해진다. 그것이 바로 퍼스널 브랜드다.

많은 사람들이 퍼스널 브랜딩을 SNS를 예쁘게 꾸미거나 자신을 포장하는 작업이라 오해한다. 하지만 진정한 브랜딩은 '나는 어떤 사람인가', '어떤 철학을 가지고 일하는가', '왜 이 일을 하는가'를 명확하게 정의하고, 진정성 있게 표현하는 것이다. 명품이 단지 품질로만 명품이 아닌 것처럼, 한 사람의 브랜드도 말투, 행동, 태도, 글쓰기, 사고방식에 이르기까지 하나의 일관된 경험으로 완성되는 것이다.

이 책은 그런 의미에서 단순한 자기계발서가 아니다. AI 시대를 살아가는 모든 사람에게 필요한 실전형 브랜딩 워크북이자 코칭 도구다. 저자는 이 책을 집필하면서 코치로서의 경험을 살려, 독자가 스스로 질문하고 답을 찾을 수 있도록 매 장마다 셀프 코칭 질문을 구성했다. 또한 현장에서 만난 다양한 사례들을 담아 누구나 자신의 경험에 비추어 쉽게 이해하고 적용할 수 있도록 구성했다. 무엇보다 읽고 끝나는 책이 아니라, 직접 써보고 정리할 수 있는 실전 연습과 워크시트를 통해 자신만의 브랜드를 점검하고 설계하는 데 실질적인 도움이 되도록 만들었다. 즉, 이 책은 '생각하게 하는 책'인 동시에 '결과를 만들어내는 책'이다.

또한 ChatGPT와 같은 생성형 AI 도구를 활용해 '내 브랜드를 AI로 만드는 실습 과정'을 단계별로 안내한다.

이 책의 구성을 살펴보면, 1장에서는 퍼스널 브랜드에 대한 전반적인 이해를 다뤘고, 2장부터 6장까지는 퍼스널 브랜드를 만들어가는 구체적인 과정을 단계별로 제시했다. 7장에서는 퍼스널 브랜드의 미래에 관해 기술했다. 매 장마다 독자들이 AI를 활용하여 퍼스널 브랜드를 직접 실습해볼 수 있는 실전 코너를 마련했다.

퍼스널 브랜드에 대해 전혀 모르는 분이나 새로 구축하고자 하는 분들은 1장부터 읽으시길 추천한다. 이미 어느 정도 퍼스널 브랜드가 구축되어 있거나 새롭게 확장하고 싶은 분들, 또는 자신의 브랜드를 더 널리 알리고 싶은 분들은 4장부터 시작해도 무방하다. 시간과 자원이 부족한 사람들도 쉽게 적용할 수 있는 현실적인 브랜딩 전략을 제안하며, 누구나 AI 시대에 자신만의 브랜드를 갖는 길을 안내한다.

이 책은 다음과 같은 분들을 위해 쓰였다:

- 커리어를 재정비하고 싶은 직장인
- 빠르게 변하는 시장 속에서 차별성을 찾고 싶은 창업가
- 전문성과 진정성을 콘텐츠로 표현하고 싶은 프리랜서
- 인생 2막을 준비하는 40~60대 직장인
- 브랜딩이 처음이지만, 나 자신을 제대로 설명하고 싶은 사람

AI는 점점 더 많은 영역을 대신하게 될 것이다. 그러나 한 가지는 분명하다. 아무리 기술이 발달해도 '진정성 있는 사람'은 대체되지 않는다.

그렇다면 이제 질문을 바꿔야 한다. "AI 시대, 당신은 어떤 브랜드로 기억되고 싶은가?"

그 질문의 답을, 이 책과 함께 찾아가 보자.

2025년 가을 초입에
당신의 브랜드를 응원하며,
저자 드림

목 차

머리말 ──────────────────────────────── 6

들어가기 지금 나는 어디에 있을까? - 퍼스널 브랜드 9가지 유형 ──── 14
   * 무지 그룹 – 브랜딩 무관심형 / 막연한 필요 인식형
   * 탐색 그룹 – 백지 탐색가형 / 다재다능 방황가형
   * 전환 그룹 – 의도적 리브랜딩 / 브랜드 확장 희망형
   * 교정 그룹 – 오래된 이미지 고착형 / 부정적 평판 개선형 / 존재감 부족형
   * 자기진단표 : "나는 어떤 유형인가?"

Part 1. 퍼스널 브랜드의 이해 ──── 19

제1장 퍼스널 브랜드란 무엇인가? · 20
   1.1 퍼스널 브랜드의 정의
   1.2 퍼스널 브랜드의 필요성과 중요성
   1.3 퍼스널 브랜드의 성공 3요소
   1.4 사례 : 유명인의 퍼스널 브랜드 이야기

Part 2. 나를 발견하고 설계하기 ──── 41

제2장 준비하기 – 나를 이해하고 기반 다지기 · 42
   2.1 "나는 누구인가?"에서 시작되는 브랜드 여정
   2.2 나의 강점과 약점 분석하기
   2.3 SWOT 분석 : 퍼스널 브랜드를 명확히 다듬는 프레임
   2.4 나를 구성하는 두 가지 거울: 내적요소와 외적요소
   2.5 브랜드 스토리 : 나의 이야기를 메시지로 바꾸는 힘

목 차

제3장 설계하기 - 브랜드 전략 수립 · 93
3.1 목표 설정하기-내가 이루고 싶은 것은?
3.2 핵심 메시지 개발하기-세상에 무엇을 말하고 싶은가?
3.3 브랜드 아이덴티티 정의 (가치관·철학·태도)
3.4 브랜드 구조 설계 (카테고리·콘텐츠 영역)
3.5 브랜드 이름 짓기(이름, 닉네임, 슬로건)

제4장 포지셔닝하기 - 내 브랜드가 설 자리는 어디인가 · 132
4.1 포지셔닝이란 무엇인가?
4.2 나만의 차별화 전략 수립
4.3 타인의 시선과 타깃 페르소나
4.4 포지셔닝 맵 만들기
4.5 한 줄 소개와 자기표현 키워드

Part 3. 브랜드를 알리고 강화하기 ——— 190

제5장 실행하기 - 세상과 연결하기 · 191
5.1 왜 콘텐츠 채널이 중요한가?
5.2 온라인 채널 운영(SNS, 블로그, 영상 채널 등)
5.3 콘텐츠 캘린더와 일관성 유지
5.4 오프라인 브랜딩(강연, 협업, 네트워킹)
5.5 시각 아이덴티티(로고, 컬러, 폰트)
5.6 네트워크 확산 전략
5.7 사례 : 성공한 브랜드와 콘텐츠 전략

Part 4. 브랜드 관리와 확장 전략 ─────── 221

제6장 관리와 확장 – 브랜드의 성장 루틴·222
6.1 퍼스널 브랜드 점검표 & 평가표
6.2 피드백 분석과 인사이트 정리
6.3 리브랜딩 전략과 시기
6.4 브랜드 확장 – 새로운 기회와 전환
6.5 새로운 수익 모델(강연·출판·교육·사업화)
6.6 사례 : 브랜드 확장 성공기
6.7 브랜드 성장·확장 6개월 플랜

Part 5. 퍼스널 브랜드의 미래 ─────── 269

제7장 AI 시대, 퍼스널 브랜드의 미래·270
7.1 브랜드는 변화한다 : 시대와 함께 성장하기
7.2 디지털 전환과 브랜드 전략
7.3 성공 브랜드 vs 실패 브랜드 비교
7.4 세대별 브랜딩 전략 (20대~시니어)
7.4 동기부여 코너 : "나의 브랜드가 세상에 미칠 영향력"
7.6 미래 비전 선언문

부록
- 퍼스널 브랜드 자가진단표·314
- AI 프롬프트 모음집·317
- 30일 브랜딩 챌린지·326

들어가기

퍼스널 브랜딩, 당신은 어디에서 출발하는가?

사람들은 각기 다른 출발점에서 퍼스널 브랜딩을 시작한다. 어떤 이는 브랜드라는 개념조차 낯설고, 어떤 이는 이미 브랜드를 가지고도 새로운 도전을 꿈꾼다. 이처럼 각자의 고민과 목표가 다르기에 접근 방식도 달라져야 한다.

이 책은 퍼스널 브랜딩의 여정을 9가지 유형으로 나누어 설명한다. 지금 자신이 어디에 서 있는지 확인해보자.

1. 무지(無知) 그룹 - 아직 브랜드를 모르는 사람들

① 브랜딩 무관심형

퍼스널 브랜딩이 무엇인지 알지 못하거나, 필요성을 느끼지 못하는 상태다. 안정된 일상에 만족하며 자신을 드러내려 하지 않는다. 그러나 '나를 알리지 않는다'는 것조차 하나의 이미지가 되어 "무난하게 시키는 일만 하는 사람"으로 기억될 수 있다.

이 유형은 1장 : 퍼스널 브랜드의 필요성과 중요성에서 새로운 관점을 얻을 수 있다.

② 막연한 필요 인식형

"나도 뭔가 해야 하지 않나?"라는 생각은 있지만, 어디서부터 시작해야 할지 모른다. 업무 성과는 괜찮지만 "존재감이 부족하다"는 피드백을 받는다.

　이 유형은 2장 : 자기 성찰과 강점·스토리 발견하기에서 기초를 다져야 한다.

2. 탐색(探索) 그룹 - 방향을 찾고 싶은 사람들

③ 백지 탐색가형

　퍼스널 브랜딩의 필요성은 절실히 느끼지만, 정작 무엇을 잘하는지 정의하지 못한다. 자기소개 첫 줄을 쓰는 것조차 막막하다.

　이 유형은 2장·3장 : 자기 성찰과 브랜드 아이덴티티 정의하기에서 길잡이를 찾을 수 있다.

④ 다재다능 방황가형

　여러 재능이 있어도 정체성이 모호하다. "무슨 일을 하는 사람인가?"라는 질문에 답하지 못한다. 다양한 능력을 하나로 꿰뚫는 핵심 키워드가 필요하다.

　이 유형은 3장 : 전략 설계와 아이덴티티 정의에서 방향성을 잡는 데 도움이 된다.

3. 전환(轉換) 그룹 - 새로운 도전을 준비하는 사람들

⑤ 의도적 리브랜딩형

이미 특정 이미지로 굳어져 있지만, 이제는 새로운 도전을 하고 싶
다. 과거의 브랜드가 현재의 성장을 가로막는다.
　이 유형은 6장 : 리브랜딩 관리와 확장에서 새로운 전환의 실마리
　　　　　　를 얻을 수 있다.

⑥ 브랜드 확장형
　기존 분야에서는 인정받았지만, 강연·출판·교육 등 새로운 무대에
도전하고 싶다. 문제는 사람들이 여전히 기존 모습으로만 자신을 기
억한다는 점이다.
　이 유형은 6장 : 브랜드 관리와 확장 전략에서 도약의 힌트를 찾을
　　　　　　수 있다.

4. 교정(矯正) 그룹 - 이미지를 바로잡고 싶은 사람들

⑦ 오래된 이미지 고착형
　성실하고 안정적인 이미지가 오히려 새로운 시도를 가로막는다.
달라진 자신을 보여줄 작은 성공 사례가 필요하다.
　이 유형은 5장 : 브랜드를 알리고 강화하기에서 새로운 시도를 위
　　　　　　한 실질적 방법을 만날 수 있다.

⑧ 부정적 평판 개선형
　과거의 실수나 오해로 인해 좋지 않은 꼬리표가 따라다닌다. 해명
보다 중요한 것은 일관된 성과와 진정성 있는 행동이다.

이 유형은 5장 : 브랜드를 알리고 강화하기에서 이미지 개선의 길을 모색할 수 있다.

⑨ 존재감 부족형

실력은 있지만 드러나지 않는다. 회의에서, 온라인에서, 업계 모임에서 보이지 않는다. 문제는 능력이 아니라 노출 부족이다.
이 유형은 4장 : 포지셔닝 & 5장: 실행 전략에서 자신을 드러내는 방법을 구체적으로 배울 수 있다.

프롤로그용 간단 자기 진단표

그룹	유형	자기 진단 문항
무지 그룹	브랜딩 무관심형	☐ 퍼스널 브랜드라는 말을 들어본 적이 거의 없다 ☐ 지금 생활에 만족해 굳이 알릴 필요성을 못 느낀다 ☐ 나를 드러내면 오히려 불편할 것 같다 ☐ 사람들은 나를 그냥 "무난한 사람"으로 기억하는 것 같다
	막연한 필요 인식형	☐ 브랜드가 필요할 것 같아 불안하다 ☐ 중요성은 알지만 방법은 모른다 ☐ 다른 사람은 앞서가는데 나만 제자리인 것 같다 ☐ 내 강점을 정리해본 적이 없다
탐색 그룹	백지 탐색가형	☐ 자기소개 30초가 막막하다 ☐ 내가 잘하는 게 명확하지 않다 ☐ 관심사와 강점이 뒤섞여 정리되지 않는다 ☐ 장점에 대해 질문받으면 답하기 어렵다
	다재 다능 방황가형	☐ 이것저것 잘하지만 딱 하나를 꼽기 어렵다 ☐ "무슨 일을 하냐?"는 질문을 자주 받는다 ☐ 여러 분야에 발을 담가 집중력이 분산된다 ☐ 사람들은 나를 한마디로 정의하지 못한다
전환 그룹	의도적 리브랜딩형	☐ 지금의 이미지가 원하는 모습과 다르다 ☐ 새로운 도전을 준비 중이다 ☐ 예전 모습 때문에 변화가 잘 인정되지 않는다 ☐ 커리어를 새롭게 정의하고 싶다

전환 그룹	브랜드 확장형	☐ 지금 분야에서는 이미 인정받는다 ☐ 강연·출판·교육 등으로 확장하고 싶다 ☐ 기존 팔로워·고객은 여전히 예전 모습으로만 본다 ☐ 확장하려는 활동이 현재 브랜드와 따로 논다
교정 그룹	오래된 이미지 고착형	☐ "성실하다, 착하다"라는 말은 듣지만 임팩트가 약하다 ☐ 오랫동안 한 이미지에 갇혀 변화가 어렵다 ☐ 새 프로젝트나 도전에 사람들이 놀란다 ☐ 새로운 나를 보여줄 기회가 필요하다
	부정적 평판 개선형	☐ 과거 실수·오해로 신뢰가 떨어진 적이 있다 ☐ 의도와 다르게 부정적 이미지가 남아 있다 ☐ 해명보다 꾸준한 행동으로 증명하고 싶다 ☐ 진정성을 회복하는 것이 큰 과제다
	존재감 부족형	☐ 실력은 있지만 주목받지 못한다 ☐ 회의·모임에서 의견을 잘 드러내지 않는다 ☐ SNS·네트워크에서 이름이 알려지지 않았다 ☐ 덜 준비된 사람도 더 주목받는 걸 보며 아쉽다

활용 팁

■ 체크 수가 가장 많은 유형 = 현재 나의 브랜드 상태

■ 복합 유형 → 지금 내가 가진 고민의 "우선순위"를 알려줌

■ 이후 책의 해당 장을 읽으면서 맞춤형 솔루션을 따라가면 효과적임

Part 1.
퍼스널 브랜드의 이해

제1장 퍼스널 브랜드란 무엇인가?

    1.1 퍼스널 브랜드의 정의
    1.2 퍼스널 브랜드의 필요성과 중요성
    1.3 퍼스널 브랜드의 성공 3요소
    1.4 사례: 유명인의 퍼스널 브랜드 이야기

제1장 퍼스널 브랜드란 무엇인가?

> **핵심 인사이트**
> - 퍼스널 브랜드의 정의와 필요성을 이해할 수 있다.
> - AI 시대에 왜 퍼스널 브랜드가 생존 전략이 되는지 깨닫는다.
> - 나도 브랜드가 될 수 있다는 가능성과 동기를 발견할 수 있다.

1.1 퍼스널 브랜드의 정의

1) 브랜드의 개념과 기원

브랜드라는 말은 요즘 흔히 쓰이지만, 사실 그 뿌리는 오래전으로 거슬러 올라간다. 중세 북유럽의 목축업자들은 자신의 가축을 구별하기 위해 불에 달군 쇠막대로 고유한 표식을 남겼다. 이를 고대 노르드어로 'brandr'라고 불렀는데, 이것이 오늘날 우리가 쓰는 '브랜드(Brand)'의 어원이다.

처음의 브랜드는 단순히 "이것은 내 소유다"라는 표시였지만, 시간이 지나면서 정체성과 신뢰를 상징하는 개념으로 발전했다. 오늘날 브랜드는 제품과 서비스를 넘어 우리의 일상과 선택의 기준이 되었고, 때로는 한 개인을 설명하는 언어가 되었다.

현대의 브랜드는 이름, 로고, 색상, 소리, 캐릭터 등 다양한 요소가 조화를 이루며 만들어지는 하나의 통합된 경험이다. '배달의민족'의 유쾌한 이름, 스타벅스의 초록색 로고, "딩동~ CU입니다"라는 친숙한 알림음처럼 각각의 요소들이 모여 브랜드만의 독특한 정체성을 만들어낸다.

브랜드가 발휘하는 힘은 크게 세 가지다. 첫째는 기억이다. 사람들은 무언가를 사려고 할 때 가장 먼저 떠오르는 브랜드를 선택한다. 둘째는 신뢰다. 만족스러운 경험은 같은 브랜드의 다른 제품까지 신뢰하게 만든다. 셋째는 정체성이다. 스타벅스가 '공간의 여유'를, 애플이 '창의성과 감성'을 강조하는 이유는 브랜드가 곧 존재 이유와 철학의 표현이기 때문이다.

결국 브랜드의 본질은 실제 가치가 아니라 **사람들이 어떻게 인식하고 기억하느냐**에 있다. 같은 커피라도 브랜드가 붙으면 두 배의 값을 받을 수 있다. 브랜드가 없는 상품은 제 값조차 받기 어렵지만, 강력한 브랜드는 충성도와 프리미엄을 만들어낸다. 그래서 브랜드는 더 이상 기업만의 것이 아니다. 한 개인도 자신의 가치와 철학을 담아내는 퍼스널브랜드를 가져야 하는 이유가 여기에 있다.

브랜드는 단순한 마케팅 도구가 아니라 기억의 설계이자, 신뢰의 자산이며, 철학의 확장이다. 그리고 지금은 누구나 자신만의 브랜드를 구축해야만 하는 시대다. AI가 점점 더 많은 영역을 대신하는 오늘, 나를 대신할 수 없는 '나만의 브랜드'를 만드는 것이야말로 가장 강력한 생존 전략이다.

2) 퍼스널브랜드란?

우리가 흔히 브랜드라고 하면 코카콜라, 나이키 같은 제품이나 회사를 먼저 떠올린다. 하지만 브랜드는 기업만의 것이 아니다. 사람 또한 자신의 이름을 하나의 브랜드로 만들 수 있다. 퍼스널 브랜드란 내가 가진 능력과 가치관, 경험, 그리고 세상에 보여주는 모든 것을 하나로 묶어 사람들이 나를 특정한 이미지로 기억하도록 하는 것이다.

즉, 퍼스널브랜드는 단순한 스펙이나 평판이 아니라, 그 사람이 가진 모든 것의 합이다.

> 평판 + 명성 + 스펙 + 개성 ---------- = 퍼스널브랜드

3) 퍼스널 브랜드의 실제 작동 방식

예를 들어, 'IT 전문가'라는 타이틀을 가진 사람이 있다고 해 보자. 기업은 단순히 그 타이틀만 보고 일을 맡기지 않는다. 그동안의 실적, 문제 대처 능력, 업계에서의 평판, 그리고 개인의 인성까지 종합적으로 고려한다. 이는 소비자가 상품을 구매할 때 단순히 품질이 아니라 브랜드를 보고 선택하는 것과 같다. 퍼스널 브랜드는 내가 가진 역량을 알리는 것을 넘어, 사람들이 나를 특정한 모습으로 인식하고 신뢰하도록 만드는 과정이다.

디지털 시대, 모두가 브랜드가 될 수 있다.

과거에는 브랜드라는 개념이 대기업이나 유명 기업에만 국한되었다. 그러나 디지털 기술의 발전은 이 패러다임을 완전히 바꾸었다. 지금은 누구나 자신만의 브랜드를 만들고 세상에 알릴 수 있다.

유튜브에서 시작해 방송 출연자로 성장한 이들, 책을 출간해 유명 강사로 알려진 사람들 모두가 대표적 사례다. 자신만의 퍼스널 브랜드를 구축한 사람들은 동료들보다 더 많은 기회를 얻고, 더 높은 수익과 영향력을 확보한다.

특히 프리랜서, 1인 기업가, 크리에이터, 중소기업 대표, 스타트업 창업자에게 퍼스널 브랜드는 가장 큰 경쟁력이 된다. 상품을 구매할 때 브랜드가 기준이 되듯이, 강사를 섭외하거나 프로젝트 팀원을 선정할 때도 그 사람의 퍼스널 브랜드가 중요한 판단 기준이 된다.

4) 퍼스널 브랜드는 '타인이 바라보는 시선'이다

마케팅에서 흔히 "마케팅은 고객에게 제품을 제공하는 활동"이라고 한다면, 브랜드는 "고객이 그 제품에 부여하는 가치"라고 할 수 있다. 이 차이는 퍼스널 브랜드에도 그대로 적용된다.

퍼스널 브랜드는 단순히 이름이나 직함이 아니라, "타인이 나를 바라보는 시선"이다. 내가 아무리 "나는 전문가다"라고 말해도, 사람들이 그렇게 인식하지 않으면 그것은 브랜드가 아니다. 반대로 내가 특별히 강조하지 않아도, 사람들이 일관되게 나를 특정한 이미지로 기억한다면 그것이 바로 퍼스널 브랜드다.

이런 브랜드는 나의 평판, 전문성, 경험, 개성 등이 조화를 이루어 만들어진다. 그리고 가장 중요한 것은 "일관성"이다.

방송가에서 이를 가장 잘 보여주는 사례가 강호동과 유재석이다. 같은 예능 MC지만, 두 사람이 대중에게 각인된 브랜드는 확연히 다르다. 강호동 하면 떠오르는 것은 '열정', '힘', '시원시원함'이다. 유재석은 '신뢰', '배려', '국민 MC'라는 이미지가 먼저 떠오른다.

흥미로운 점은 이들이 자신의 브랜드를 의두적으로 설계한 것이 아니라는 사실이다. 강호동의 열정은 그의 성격이고, 유재석의 신뢰감은 그가 오랜 시간 보여준 일관된 태도에서 나온 것이다. 즉, 퍼스널 브랜드는 "개인의 본질적 성향과 꾸준한 행동이 오랜 시간 쌓여 형성된 결과"다.

5) 퍼스널 브랜드의 의미와 가치

강사로서의 전문성, 사업가로서의 리더십, 프리랜서로서의 창의성처럼, 퍼스널 브랜드는 개인의 활동 영역에 따라 다양한 형태로 나타난다. 중요한 것은 내가 어떤 사람으로 기억되기를 원하는지 주도적으로 설계하고, 그 방향에 맞춰 일관되게 자신을 표현하는 일이다.

퍼스널 브랜드는 단순히 능력을 포장하는 것이 아니다. 나의 가치를 세상에 전달하고, 새로운 기회를 만들며, 강점을 극대화하는 강력한 도구다. 곧, 퍼스널 브랜드는 내가 누구인지, 어떤 가치를 제공할 수 있는 사람인지 세상에 보여주는 가장 확실한 방식이다. 변화의 속도가 빠른 지금, 자신만의 퍼스널 브랜드를 구축하는 것이야말로 성공과 실패를 가르는 중요한 기준이 된다.

1-2. 퍼스널 브랜드의 필요성과 중요성

1) 퍼스널 브랜드가 왜 필요한가?

제프 베조스는 "당신이 브랜드를 만들지 않으면, 다른 사람이 당신의 브랜드를 만들 것이다"라고 말했다. 오늘날처럼 AI와 디지털 기술이 빠르게 진화하는 시대에, 단순히 열심히 일하는 것만으로는 부족하다. 기술이 만들어내는 격차는 개인의 노력만으로는 메울 수 없고, 결국 '나만의 가치'를 드러내는 힘이 필요하다. 바로 이 지점에서 퍼스널 브랜드가 중요한 이유가 된다.

퍼스널 브랜드는 단순한 자기소개나 이미지를 넘어서, 내가 가진 전문성·철학·스타일·태도까지 포함한 **입체적인 인식**이다. 이는 타인이 나를 어떻게 기억하고 평가할지를 결정짓는 기준이 된다. 톰 피터스가 말했듯 "우리는 모두 자신이라는 브랜드의 CEO가 되어야 한다." 퍼스널 브랜드는 이제 선택이 아니라 **생존 전략**이다.

"지금 시대에 필요한 것은 빠른 변화 속도에 스스로를 맞춰가는 힘이다." 불확실성이 커진 지금, 퍼스널 브랜드는 **적응과 생존의 무기**이며 동시에 새로운 기회를 만들어내는 도구다.

2) AI 시대, 퍼스널 브랜드가 절실한 이유

AI 시대에는 단순히 일을 잘하는 것만으로는 부족하다. 이제는 '어떤 일'을 하는가보다 '어떻게 기억되는가'가 생존을 좌우한다. 챗GPT에게 "5년 안에 대체할 수 있는 직업"을 물었을 때, 놀랍게도 콘텐츠 제작자, 디자이너, 세무사, 변호사까지 포함되었다. 중요한 것은 직업 자체가 아니라 "그 일을 하는 방식"이다.

AI는 정형화된 결과물을 빠르고 정확하게 만들어낸다. 단순 계약서 작성, 기초 세무 상담, 반복적인 영상 편집은 이미 AI가 더 효율적으로 수행한다. 그러나 인간만이 줄 수 있는 맥락, 통찰, 신뢰는 여전히 대체할 수 없다. 결국 대체되지 않는 사람은 기능이 아니라 "브랜드로 자신을 증명하는 사람"이다.

첫째, 문제 해결사로 브랜딩하라

고객은 경영 컨설팅 보고서를 원하는 게 아니라 매출 증가와 문제 해결을 원한다.

마찬가지로 학부모는 '영어 강의'가 아니라 '아이의 성적 향상'을 원한다. "수능 대비 강의합니다"라고 말하면 수많은 강사와 비교당하고, 심지어 챗GPT와도 경쟁해야 한다.

그러나 "비싼 과외 다 시켜도 성적이 안 오르나요? 학생의 공부 열정부터 끌어올립니다"라고 말하는 순간, 경쟁 구도가 사라진다. 구체적인 문제를 건드리면 고객은 비교가 아닌 경청을 하게 된다. AI는 기능을 수행하지만, 문제의 본질을 꿰뚫는 것은 여전히 인간의 영역이다. "문제 해결사로 브랜딩"된 사람은 AI의 경쟁 대상이 아니다.

둘째, 차별화된 전문성으로 브랜딩하라

"무엇이든 다 합니다"는 매력이 없다. 이혼이 필요한 사람은 '법률 전문가'가 아니라 '이혼 전문 변호사'를 찾는다. 전세 사기 피해자는 '부동산 전문 변호사'를 검색한다. 마찬가지로 공부 의욕이 없는 고등학생의 학부모는 '고등 기초 탄탄 클래스'를 운영하는 선생님에게 끌린다.

중국산 저가 의류가 시장을 장악했을 때도 샤넬과 에르메스는 망하지 않았다. AI가 콘텐츠를 대량 생산하는 시대에도 특정 분야에서 강력하게 브랜딩된 크리에이터는 여전히 영향력을 유지한다.

셋째, 신뢰받는 관계로 브랜딩하라

AI가 아무리 똑똑해도 신뢰와 관계는 복제할 수 없다. 가벼운 정보는 AI에게 물어봐도, 중요한 결정을 할 때는 결국 '아는 사람'을 찾는다. 세무 관련 큰 문제가 생기면 세무사에게 전화하고, 마케팅 전략을 짤 때는 신뢰하는 마케터와 상의한다.

영국의 기업가 다니엘 프리슬리는 '7114 법칙'을 제시한다. 7시간의 누적 경험, 11번의 상호작용, 4개의 다른 플랫폼에서 만날 때 비로소 '아는 사람'으로 각인된다는 것이다. 오늘날 SNS는 이를 가능하게 하는 최고의 도구다. 유튜브, 인스타그램, 뉴스레터 등 여러 채널을 통해 꾸준히 가치를 제공하고 관계를 쌓는 사람은, 고객의 머릿속에서 '내가 아는 전문가'로 자리 잡는다.

AI 시대에 진정으로 중요한 것은 '능력'이 아니라 '기억'이다. 즉, 무엇을 할 수 있는지가 아니라, 누구로 기억되는가가 생존을 결정짓는다. 기술적 기능은 인공지능이 점점 더 정교하게 대체하지만, 인간만이 가질 수 있는 신뢰·스토리·정체성은 그 어떤 기술도 복제할 수 없다. 그래서 지금 필요한 것은 '기능의 경쟁'이 아니라 '브랜드의 자리'를 차지하는 일이다.

이제 퍼스널 브랜드는 단순한 마케팅이 아니다. 나라는 존재가 어떤 문제를 해결하고, 왜 신뢰받을 수 있으며, 어떤 가치를 제공하는지를 증명하는 하나의 생존 전략이다. 내가 누구인지 명확히 정의하지 못한다면, 결국 AI가 대신 설명해줄 것이다. 하지만 내가 내 이름으로 설명될 수 있다면, AI는 오히려 나의 확장 도구가 된다.

경영학자 톰 피터스(Tom Peters)는 이미 25년 전 이렇게 말했다.
"우리는 모두 자신이라는 브랜드의 CEO가 되어야 한다."
그의 말은 AI 시대에 더욱 현실적인 경고이자 조언이 되었다. 누구나 비슷한 일을 할 수 있는 세상에서, '나만이 할 수 있는 방식'으로 세상에 기억되는 사람이 진짜 살아남는다.

결국 AI는 기능을 대체하지만, 브랜드를 존중한다.
AI가 모든 것을 할 수 있는 시대일수록, 인간만이 할 수 있는 '이름의 힘', 즉 퍼스널 브랜드가 가장 강력한 무기가 된다.

3) 퍼스널 브랜드는 왜 중요한가?

사이먼 사이넥은 "사람들은 당신이 무엇을 하는지가 아니라, 왜 하는지에 관심이 있다"고 했다. 퍼스널 브랜드는 단순히 나를 알리는 것에 그치지 않고, 내가 왜 이 일을 하고 어떤 철학을 지녔는지 드러내는 과정이다. 이로써 신뢰와 가치를 인정받을 수 있다.

① 더 많은 기회를 만든다

퍼스널 브랜드가 확고한 사람은 경쟁자가 많아도 눈에 띈다. 예를 들어, 강한 정체성을 가진 프리랜서는 단순 가격 경쟁에 휘말리지 않고, 자신만의 가치를 인정받으며 더 좋은 조건으로 계약한다.

② 신뢰와 영향력을 구축한다

꾸준히 쌓아온 브랜드 이미지는 신뢰로 이어지고, 협업·추천의 기회를 만든다. 워렌 버핏의 말처럼 "평판을 쌓는 데는 20년이 걸리지만 무너지는 데는 5분이면 충분하다." 신뢰는 곧 브랜드의 심장이다.

③ 수익과 보상을 극대화한다

브랜드가 없는 사람은 열심히 일해도 보상이 불확실하다. 반대로 강력한 브랜드를 가진 사람은 고객이 먼저 찾아오고, 자신의 기준에 맞는 보상을 받을 수 있다. 퍼스널 브랜드는 시장에서 내가 제시할 수 있는 명확한 기준이 된다.

결국 퍼스널 브랜드는 단순히 '자기 홍보'가 아니다. 그것은 변화에 유연하게 대응하고, 지속적으로 배우고 성장하는 자세와 맞닿아 있다. AI를 위협이 아닌 **협력자**로 받아들이며, 인간 고유의 정체성과 가치를 강화해 나가는 것—이것이 지금 우리가 퍼스널 브랜드를 준비해야 하는 이유다.

1.3 퍼스널 브랜드의 성공 요소: 정체성, 차별성, 지속성

퍼스널 브랜드가 없는 사람은 기회를 놓치기 쉽고, 변화에 휩쓸려 커리어가 흔들릴 가능성이 크다. 반대로 자신만의 브랜드를 가진 사람은 기회를 선점하고, 더 오래 기억되는 존재로 자리잡는다. 그렇다면 강력한 퍼스널 브랜드를 만드는 핵심은 무엇일까? 바로 정체성, 차별성, 지속성 세 가지다.

1) 정체성 : 나를 정의하는 뿌리

퍼스널 브랜드의 시작은 정체성이다. 정체성이란 내가 누구인지,

무엇을 중요하게 여기는지, 어떤 방식으로 세상과 관계 맺는지를 보여주는 '존재의 첫 문장'이다.

손흥민은 세계적인 축구 선수지만, 단순히 '골을 잘 넣는 선수'로만 기억되지 않는다. 그는 성실함, 겸손, 팀을 위한 헌신, 팬들과의 진정성 있는 소통으로 기억된다. 그래서 손흥민의 브랜드는 한 문장으로 정리할 수 있다. "실력과 인성을 겸비한 리더."

정체성이 분명하지 않으면, 아무리 능력이 있어도 타인의 기억 속에 오래 남을 수 없다. 결국 퍼스널 브랜드는 사람들이 나를 "○○한 사람"이라고 한 문장으로 설명할 수 있을 때 비로소 힘을 발휘한다.

2) 차별성 : 나다움을 관철시키는 힘

퍼스널 브랜드의 본질은 단순히 타인과 "어떻게 다른가"가 아니라, "왜 그렇게 다른가"에 대한 설득력 있는 이유를 가지는 데 있다.

차별성은 억지로 만들어내는 개성이 아니라, 자신의 성격·가치관·행동 방식에서 자연스럽게 드러나는 '결정적 일관성'이다.

이 원리를 가장 잘 보여주는 인물이 바로 이병헌과 마동석이다.

두 사람은 모두 성공한 배우지만, 전혀 다른 방향으로 "나다움"을 증명한 인물이라는 점에서 퍼스널 브랜드의 본질을 잘 보여준다.

이병헌 : 완벽주의와 디테일의 브랜드

이병헌은 '디테일의 장인'이라 불린다.

그는 대사 한 줄, 눈빛 하나에도 완벽을 추구하며, 스스로를 끊임없이 조율한다.

국내는 물론 헐리우드에서도 인정받는 이유는 단순한 연기력이 아니라, 그가 보여주는 냉철한 자기관리와 치밀한 완성도 때문이다.

그의 브랜드는 곧 '정교함과 신뢰성'이다.

시청자와 관객은 "이병헌이 출연하면 작품의 완성도가 보장된다"는 인식을 갖게 되었고, 이것이 바로 그의 퍼스널 브랜드 자산이다.

마동석 : 진심과 인간미의 브랜드

반면, 마동석은 철저히 '자기 방식'을 고수한다. 그는 할리우드 진출 이후에도 영어 이름을 쓰지 않고, 특유의 체격과 말투, 인간적인 유머를 그대로 유지했다.

그 결과, 그는 전 세계 어디서나 "마동석은 마동석이다"라는 확고

한 정체성의 상징으로 자리 잡았다.

그의 브랜드는 '힘의 상징'이면서도 동시에 '따뜻한 인간미'로 기억된다.

이런 진정성의 일관성이 그를 전 세대가 공감하는 배우로 만들었다.

두 사람 모두 세계적인 배우지만,
이병헌은 '정밀함으로 신뢰를 쌓는 브랜드',
마동석은 '인간미로 공감을 이끄는 브랜드'를 선택했다.

결국 차별성이란 남보다 눈에 띄는 능력이 아니라, 자기답게 일관된 태도를 유지하는 용기에서 비롯된다. 진정한 브랜딩은 "나를 다르게 보이게 하는 것"이 아니라,

"나다움을 꾸준히 드러내는 것"이다.

3) 지속성: 신뢰를 완성하는 힘

퍼스널 브랜드는 단기간에 만들어지지 않는다. 가장 중요한 것은 꾸준히 같은 메시지와 태도를 유지하는 지속성이다.

사례 : 회사원 박민수 씨

박민수 씨는 중견 제조업체에서 7년째 품질관리 업무를 담당하고 있다. 그의 퍼스널 브랜드의 핵심은 바로 '흔들림 없는 지속성'이다.

그는 입사해서 단 하루도 빠짐없이 오전 8시 이전에 출근해 생산

라인을 점검했다. 몸이 아픈 날도, 개인적으로 힘든 일이 있는 날도 이 루틴만은 절대 포기하지 않았다.

매주 금요일 오후에는 품질관리 관련 최신 동향을 공부하고, 월 1회 업무 개선 아이디어를 제안하는 것을 7년간 꾸준히 지속했다. 이런 지속적인 노력으로 그는 회사 내 품질관리 전문가로 자리매김했다.

결국 박민수 씨의 성공 비결은 단발적인 성과가 아닌, 7년이라는 긴 시간 동안 흔들림 없이 지속해온 일관된 태도와 행동이다. 이처럼 지속성은 시간을 아군으로 만들어 브랜드 신뢰도를 기하급수적으로 높여준다.

> ■ 지속적인 브랜드를 위한 3가지 습관
> · 핵심 가치와 언어를 일관되게 유지하라.
> · 사소한 행동 속에서도 같은 태도를 보여라.
> · 변화에 유연하되, 중심 철학은 끝까지 지켜라.

결국 성공적인 퍼스널 브랜드는 정체성의 명료함, 차별성의 날카로움, 지속성의 끈기가 조화를 이룰 때 완성된다.

정체성이 불분명하면 기억되지 않고, 차별성이 없다면 주목받지 못하며, 지속성이 없다면 신뢰가 무너진다. 이 세 가지 요소가 균형을 이룰 때, 브랜드는 시간 속에서 흔들리지 않고 단단한 자산으로 성장한다.

1.4 퍼스널 브랜드 사례

퍼스널 브랜드는 단순히 이론으로만 존재하지 않는다. 실제로 많은 사람들이 자신만의 브랜드를 통해 새로운 기회를 만들고, 대중적 영향력을 얻으며, 시대의 아이콘으로 자리 잡았다. 여기서는 두 가지 유명인과 일반인의 사례를 통해 성공적인 퍼스널 브랜딩이 어떻게 구축되고 발전하는지 살펴본다.

1) 이효리 – 진정성과 대중성의 균형

이효리는 한국을 대표하는 엔터테이너이자, 퍼스널 브랜드의 진화를 보여주는 대표적 인물이다. 그녀는 데뷔 초반 '섹시 아이콘'이라는 강렬한 이미지로 대중에게 각인되었지만, 거기에 머물지 않았다. 시간이 흐르면서 자신의 또 다른 면모를 꾸준히 드러냈다.

제주에서의 소탈한 생활, 반려동물과의 교감, 삶의 가치를 담은 인터뷰는 그녀를 '솔직하고 꾸밈없는 사람'으로 새롭게 인식하게 만들었다. 특히 직접 운영하는 SNS, 수수한 옷차림, 팬들과의 친근한 소통은 '진정성'이라는 브랜드 메시지를 강화했다.

이효리의 브랜드가 강력한 이유는, 시대와 상황에 따라 유연하게 변화하면서도 항상 자기다움을 잃지 않았다는 점이다. 그녀는 "지금의 나"를 있는 그대로 받아들이고 그것을 대중과 공유하는 방식으로 브랜드를 계속 업데이트해왔다. 이 사례는 퍼스널 브랜드가 고정된 틀이 아니라, 변 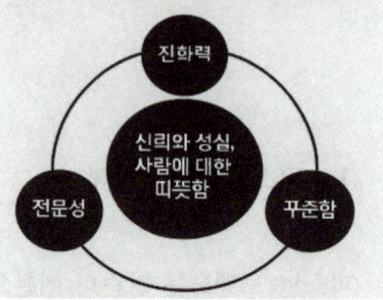 화 속에서 성장하고 진화하는 살아 있는 브랜드임을 보여준다.

2) 일론 머스크 : 미래를 상상하고 실현하는 혁신의 아이콘

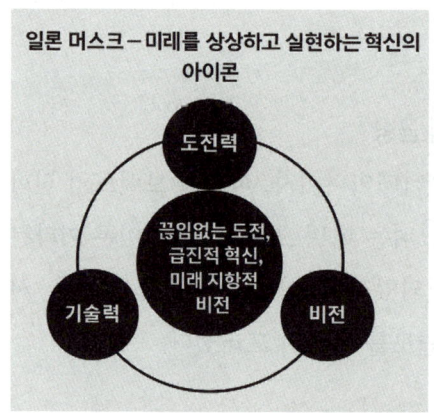

일론 머스크(Elon Musk)는 현대 산업계에서 가장 강력한 퍼스널 브랜드를 지닌 인물 중 하나다. 그는 테슬라(Tesla)와 스페이스X(SpaceX)를 이끌며 전기차·우주 산업을 혁신했을 뿐 아니라, 뇌와 컴퓨터를 연결하는 뉴럴링크(Neuralink) 같은 미래 기술까지 구상한다.

머스크의 브랜드는 제품보다 더 먼저 인식된다. '테슬라 자동차'보다 '일론 머스크'라는 이름이 먼저 떠오를 정도다. 그의 브랜드를 구성하는 핵심 키워드는 끊임없는 도전, 급진적 혁신, 미래 지향적 비전

이다.

 또한 그는 단순히 기업의 CEO가 아니라, 자신의 생각과 비전을 소셜미디어를 통해 직접 전달한다. 성공뿐 아니라 실패까지 공개하며 대중과 소통하는 방식은 그를 단순한 사업가가 아닌, "인류의 미래를 설계하는 괴짜 천재"로 각인시켰다.
 일론 머스크의 브랜드는 기술·철학·상상력이 결합된 독특한 인간상이며, 개인 브랜드가 하나의 문화 코드로 자리 잡을 수 있음을 보여준다.

 퍼스널 브랜드는 단지 유명인이나 셀럽들에게만 해당되는 개념이 아니다. 화려한 이력, 특출난 배경 없이도 우리는 스스로의 태도와 선택, 그리고 일관된 행동을 통해 브랜드를 만들어간다.

 실제로 우리 주변에는 조용하지만 강한 신뢰를 얻고 있는 사람들, 묵묵하게 자신의 전문성과 성실함을 브랜드로 쌓아온 사람들이 적지 않다. 그들의 이름은 대중 매체에 오르내리지 않지만, 함께 일해본 사람들의 기억 속에는 "그 사람이라면 믿을 수 있다"는 인식으로 남아 있다.

 다음에 소개할 사례는 필자의 주변에 있는 바로 그런 사람들의 이야기다. 이름보다 태도와 신뢰로 기억되는 사람들, 타이틀보다 내공과 꾸준함으로 브랜드를 만들어낸 사람들의 이야기이다. 그리고 이 사례들을 통해 우리는 다시금 깨닫게 될 것이다 - 퍼스널 브랜드는 특정한 사람이 아니라, '브랜드다운 삶'을 살아가는 모든 사람에게 주어지는 이름이라는 것을.

3) 엔진실의 철학자 : 바다 위에서 쌓아올린 신뢰의 퍼스널 브랜드

그는 해양대학교를 졸업한 뒤 대형 선박의 기관사로서의 삶을 걸었다. 바다 위에서의 삶은 거칠고 외롭지만, 그는 늘 웃음을 잃지 않았다. 동료들 사이에서 그는 "인심 좋은 형"으로 통했다. 단지 사람들과 잘 어울리는 수준이 아니라, 진심으로 사람을 대하고 그 진심이 전해지는 사람이었다.

그의 퍼스널 브랜드는 '친화력과 성실성'이라는 두 축 위에 세워졌다. 배 안이라는 한정된 공간에서도 그는 늘 자기 계발을 멈추지 않았다. 좁은 기관실에서 틈틈이 운동을 하고, 외국어 교재를 펼쳐 익숙하지 않은 언어를 입에 달고 다녔다. 모두가 피곤해 잠을 청할 시간에도 그는 '내일을 위한 오늘'을 준비하고 있었던 것이다.

그가 퇴직한 이후에도 회사는 그를 떠나보내지 않았다. 뛰어난 전문성과 더불어 함께 일하고 싶은 인성과 태도를 높이 평가했기 때문이다. 그의 존재는 단순한 '기관사'가 아닌, **끊임없이 성장하고 주변을 밝히는 사람**이라는 브랜드로 각인되어 있었다.

그의 브랜드는 화려하지 않다. 하지만 **신뢰와 성실, 사람에 대한 따뜻함**이 엮여 만들어낸 내공 있는 브랜드다. 이것은 타이틀이 아니

라, 함께했던 사람들이 기억 속에 간직한 '한 사람의 진심'이라는 살아 있는 이미지다.

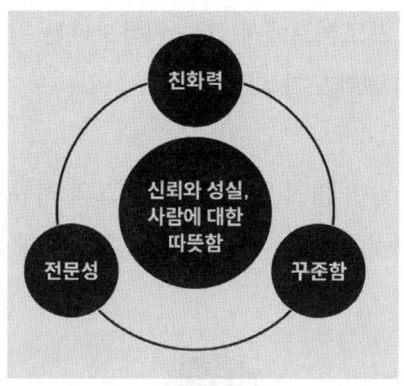

4) 보이지 않는 곳을 지키는 사람 : 기술로 신뢰를 설계한 브랜드

그는 건축학을 전공한 뒤 한전에 입사하며 실무 경험을 쌓기 시작했다. 도면 위의 건축이 현실의 공간이 되는 그 과정을 누구보다 성실하게 체득해 나갔다. 그러나 그는 직장을 단지 월급을 받는 공간이 아닌, 자신만의 미래를 설계하는 곳으로 삼았다.

퇴직 이후, 그는 기술사 자격을 취득하며 새로운 문을 열었다. 건축 기술사로서의 전문성과 현장 경험은 그를 **지자체 및 기업의 안전 진단과 심사**라는 중요한 영역으로 이끌었다. 그는 단순히 기준에 따라 평가하는 사람이 아니라, 사람들의 삶과 안전을 책임지는 조용한 설계자였다.

무엇보다도 인상적인 것은 그의 '준비된 삶'이었다. 직장에 있을 때부터 그는 자기 브랜드를 구축하고 있었다. 쌓인 신뢰, 체계적인 지식, 그리고 묵묵한 전문성은 결국 "신뢰받는 기술인의 브랜드"를 만들어냈다. 수많은 프로젝트에서 그는 이름보다는 결과로 평가받았고, 그 결과가 곧 그의 브랜드가 되었다.

그의 브랜드는 말이 많지 않다. 하지만 그의 서류가 통과되면 사람들은 안심한다. 그것이 바로, 시간을 들여 정직하게 쌓은 퍼스널 브랜드의 힘이다.

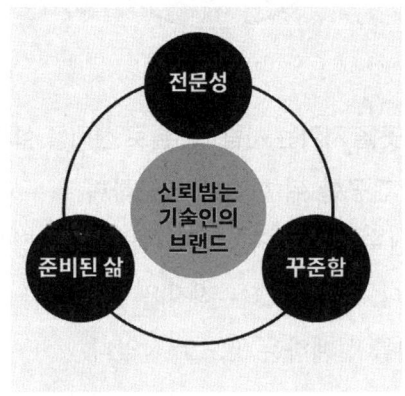

Part 2.
나를 발견하고 설계하기

제2장 준비하기 - 나를 이해하고 기반 다지기
    2.1 "나는 누구인가?"에서 시작되는 브랜드 여정
    2.2 나의 강점과 약점 분석하기
    2.3 SWOT 분석 : 퍼스널 브랜드를 명확히 다듬는 프레임
    2.4 나를 구성하는 두 가지 거울: 내적요소와 외적요소
    2.5 브랜드 스토리: 나의 이야기를 메시지로 바꾸는 힘

제3장 설계하기 - 브랜드 전략 수립
    3.1 목표 설정하기-내가 이루고 싶은 것은?
    3.2 핵심 메시지 개발하기-세상에 무엇을 말하고 싶은가?
    3.3 브랜드 아이덴티티 정의 (가치관·철학·태도)
    3.4 브랜드 구조 설계 (카테고리·콘텐츠 영역)
    3.5 브랜드 이름 짓기(이름, 닉네임, 슬로건)

제4장 포지셔닝하기 - 내 브랜드가 설 자리는 어디인가
    4.1 포지셔닝이란 무엇인가?
    4.2 나만의 차별화 전략 수립
    4.3 타인의 시선과 타깃 페르소나
    4.4 포지셔닝 맵 만들기
    4.5 한 줄 소개와 자기표현 키워드

제2장 준비하기 - 나를 이해하고 기반 다지기

핵심 인사이트
- "나는 누구인가?"라는 질문을 통해 자기 정체성을 탐구할 수 있다.
- 나의 강점과 약점을 발견하고, 이를 브랜드 자산으로 바라볼 수 있다.
- SWOT 분석을 활용해 나만의 브랜드 현황을 진단할 수 있다.

2.1 "나는 누구인가?"에서 시작되는 브랜드 여정

고대 그리스 철학자 소크라테스는 "너 자신을 알라(Know thyself)"라는 짧지만 깊은 울림의 문장을 남겼다. 그는 진정한 지혜란 자신이 무엇을 알고, 무엇을 모르는지 아는 것에서 비롯된다고 보았다. 퍼스널 브랜드를 만드는 여정 역시 바로 이 질문에서 출발한다.

"나는 누구인가?"라는 질문은 단순한 철학적 사유가 아니라, 나만의 브랜드를 구축하기 위한 가장 본질적이고 첫 번째 단계다. 이 질문에 답하지 못한다면, 아무리 많은 도구를 사용하고 노력을 기울여도 나만의 브랜드를 완성할 수 없다. 퍼스널 브랜드는 결국 나라는 존재의 본질 위에 세워지는 집과 같기 때문이다.

현대 사회에서 우리는 종종 '자기 자신'보다 '해야 할 일'에 집중하며 살아간다. 학교에서는 성적, 직장에서는 실적, 사회에서는 역할에 매달리느라 정작 내가 어떤 사람인지 깊이 들여다보는 시간을 갖지 못했다. 하지만 AI가 점점 더 많은 영역을 대신하는 시대에는 오히려 인간만이 지닌 고유성을 찾는 일이 중요해졌다.

1) "나는 누구인가?"
이 질문은 과거를 돌아보는 데서 그치지 않고, 앞으로 내가 어디로 가야 할지, 무엇을 해야 할지에 대한 나침반이 된다. 소크라테스의 말처럼 자기 자신을 아는 것이 곧 더 나은 삶과 브랜드의 시작이다.

많은 직장인들이 스스로를 소개할 때 자신이 다니는 회사 이름과 직함을 먼저 말한다. "저는 ○○회사 과장입니다"라는 문장이 대표적이다. 마치 기업이 주는 명함이 자신의 브랜드 전부인 것처럼 여기는 것이다. 하지만 AI 시대에는 이 명함이 더 이상 나를 대표해 주지 않는다.

기업 구조와 산업은 빠르게 변하고, 직장과 직함은 언제든 달라질 수 있으며, 기술의 발전은 특정 직무 자체를 대체하기도 한다. 즉, 회사 명함은 언제든 사라질 수 있지만, 나의 브랜드는 평생 간다.

대기업 임원으로 일했던 50대 지인의 술자리 고백이 지금도 마음에 남아 있다.
"30년 넘게 한 직장에서 최선을 다해 살아왔는데, 돌아보니 정작 내가 누구인지, 무엇을 위해 그렇게 달려왔는지 모르겠다." 그의 말

속에는 깊은 회의감이 묻어 있었다.

이처럼 직장의 명함은 빌려 쓰는 외피일 뿐이다. 진짜 브랜드는 내 안에서 나오며, 오직 나만이 증명할 수 있는 것이다.

"나는 누구인가?"라는 질문에 진지하게 답할 수 있을 때, 비로소 나만의 퍼스널 브랜드가 시작된다.

2) 내 안의 '나'를 찾는 질문들

스스로를 알기 위해서는 단순한 성찰이 아니라 구체적인 질문이 필요하다. 다음의 질문들은 당신의 정체성을 드러내는 출발점이 될 수 있다.

① 내가 가장 잘하는 것은 무엇인가?

당신이 가장 즐겁고 편안하게 할 수 있는 일이 무엇인지 떠올려 보라. 그것이 바로 당신의 강점이며, 브랜드의 기반이 된다.

예를 들어 한 마케팅 담당자는 자신이 "복잡한 데이터를 쉽게 설명하는 능력"이 뛰어나다는 것을 발견했다. 그는 이 강점을 살려 데이터 분석의 중요성을 알리는 콘텐츠를 제작했고, 업계에서 신뢰받는 전문가로 자리 잡았다.

② 사람들은 나를 어떻게 기억할까?

당신이 떠난 자리에서 사람들은 당신에 대해 무엇이라고 말할까? "책임감 있는 사람", "창의적인 사람", "결단력 있는 사람" 같은 평가는 곧 당신의 브랜드 방향성을 알려준다. 반대로 아무런 이미지가 떠오르지 않는다면, 지금부터 브랜드를 새롭게 설계해야 한다.

③ 나는 어떤 가치관과 철학을 가지고 있는가?

퍼스널 브랜드는 단순히 기술과 재능으로 만들어지지 않는다. 당신이 어떤 가치관을 지녔는지, 무엇을 추구하는지에 따라 브랜드의 깊이가 달라진다.

예를들어 자원봉사에 깊은 관심이 있는 사람은 자신의 활동 전반에서 이 가치를 드러낼 때, '사회적 책임감 있는 브랜드'로 자리매김할 수 있다.

3) 정체성을 정의하면 달라지는 것들

"나는 누구인가?"라는 질문에 답을 찾는 순간, 삶과 브랜드는 새로운 단계로 진입한다. 명확한 방향성을 가진 사람은 삶의 목표가 선명해지고 불필요한 방황이 줄어든다. 자신이 누구인지 아는 순간, 더 확신 있는 태도를 가질 수 있으며, 비슷한 가치관을 가진 사람들과 깊은 연결성을 맺는다. 퍼스널 브랜드는 외적인 포장이 아니라 내적 정체성에서 비롯된다. 내가 어떤 사람인지, 어떤 가치를 추구하는지 분명히 아는 사람만이 그것을 바탕으로 세상과 신뢰를 쌓아갈 수 있다.

문제는 많은 사람들이 이 질문을 피하거나 제대로 마주하지 못한 채 살아왔다는 점이다. 대한민국의 수많은 사람들은 자기 자신이 원하는 삶보다도 남에게 보여주는 삶, 부모가 원하는 삶, 점수와 스펙에

의해 정해진 삶에 순응하며 살아왔다. 물론 요즘은 MZ세대들을 중심으로 자신만의 삶을 꿈꾸고 가꾸려는 움직임이 늘어나고 있다. 하지만 여전히 자신의 정체성이 무엇인지 알지 못해 방황하는 사람들이 적지 않다.

결국 "나는 누구인가?"라는 질문 앞에 당당히 서는 것이야말로 퍼스널 브랜드의 출발점이다. 그 답을 찾아가는 여정이 바로 당신만의 브랜드를 만들어내는 첫걸음이며, 진정한 삶의 주인이 되는 길이다.

■ 나를 돌아보는 자기 질문

아래 질문에 직접 답해보세요.
짧은 문장으로 적어도 좋고, 키워드로만 정리해도 괜찮습니다.

◎ 내가 가장 잘하는 일은 무엇인가?
→ 예 사람들 앞에서 쉽게 설명하기, 복잡한 문제를 단순화하기

◎ 사람들은 나를 어떤 사람으로 기억하는가?
→ 예 책임감 있는 사람, 열정적인 사람, 신뢰할 수 있는 사람

◎ 나는 어떤 가치관과 철학을 가지고 있는가?
→ 예 정직, 배려, 꾸준함, 도전

◎ 내가 가장 몰입하는 순간은 언제인가?
→ 예 새로운 아이디어를 기획할 때, 누군가의 고민을 들어줄 때

♣ 실습 박스
: "나는 누구인가?" 자기 성찰 훈련

AI와 함께하는 자기 탐색
ChatGPT(또는 사용중인 AI)에 다음과 같은 프롬프트를 입력해 보라. 그러면 AI는 당신의 답변을 정리해 줄 뿐만 아니라, 새로운 인사이트까지 덧붙여 줄 수 있다. 이 과정을 통해 당신은 스스로를 더 선명하게 바라보고, 이전에는 떠올리지 못했던 관점과 가능성을 발견하게 될 것이다.

AI 실습 프롬프트

> "나는 나 자신을 분석하려고 해.
> 내 강점은 [여기에 적기],
> 사람들이 나를 평가하는 방식은 [여기에 적기],
> 내가 중요하게 생각하는 가치는 [여기에 적기]야.
> 이 정보를 바탕으로 나를 한 문장으로 설명하는 퍼스널 브랜드 정의문을 만들어줘."

프롬프트에는 가능한 한 자신에 대한 내용을 솔직하고 구체적으로 적어야 한다. AI가 만들어준 문장은 어디까지나 참고 자료일 뿐이다. 그대로 사용한다면 그것은 진짜 나의 브랜드가 될 수 없다. 반드시 나의 언어와 경험을 담아 다시 다듬어야만, 비로소 나만의 고유한 브랜드로 완성된다.

또한 같은 질문을 하루 뒤에 다시 던져보면 답이 달라질 수 있다. 사람은 매일 경험과 감정이 변하기 때문이다. 이 차이를 기록하고 비교하는 과정 속에서, 우리는 스스로도 알지 못했던 내적 변화와 성장의 흐름을 발견할 수 있다.

결국 중요한 것은 AI를 활용하되 나의 목소리로 정리하는 것, 그리고 반복된 질문을 통해 변화의 흔적을 확인하는 것이다.

◎ 나만의 정의문 완성

위 과정을 거쳐 나온 결과를 바탕으로, 자신을 정의하는 한 문장을 적어보라.

"나는 ○○한 방식으로 세상과 연결되는 ○○한 사람이다."

■ 예시

"나는 복잡한 문제를 쉽게 풀어내어 사람들을 돕는 따뜻한 커뮤니케이터다."
"나는 끊임없이 배우고 도전하여 새로운 길을 여는 혁신가다."

2.2 나의 강점과 약점 분석하기

퍼스널 브랜드를 성공적으로 구축하려면 나 자신에 대해 깊이 이해해야 한다. 강점은 당신의 브랜드를 돋보이게 하는 무기이며, 약점은 알고 있기에 극복할 수 있는 과제다. 강점과 약점을 분석하는 것은 내가 가진 자산을 최대한 활용하고, 브랜드를 더욱 견고하게 만드는 첫걸음이다.

하지만 우리는 종종 강점을 과소평가하고, 약점에 과도하게 집중하며 스스로를 제한한다. 이제는 이를 극복하고, 강점은 키우고 약점은 보완할 전략을 세워야 할 때다.

1) 강점이란 무엇인가?

강점이란 남들보다 뛰어나게 잘할 수 있는 능력, 혹은 할 때마다 자연스럽고 즐거움을 느끼는 특성을 의미한다. 예를 들어, 누군가는 뛰어난 의사소통 능력을 가지고 있을 수 있고, 또 누군가는 문제를 분석하고 해결하는 데 탁월할 수 있다.

이는 타고난 재능일 수도 있고, 경험을 통해 갈고닦은 기술이나 태도일 수도 있다.

강점은 당신의 퍼스널 브랜드 핵심 자산으로 작용하며, 그것을 명확히 인식하는 순간 진로, 관계, 성장의 방향성이 분명해진다.

① 나의 강점을 발견하는 3가지 핵심 질문

자신의 퍼스널 브랜드를 세우기 위해 가장 먼저 해야 할 일은 나의 강점을 발견하는 것이다. 강점은 단순한 장점이 아니라, 내가 어떤 상황에서 빛날 수 있는지 보여주는 결정적 단서이다. 이를 찾기 위해서는 세 가지 질문이 도움이 된다.

첫째, "내가 무엇을 할 때 가장 자신 있는가?"라는 질문이다. 성취감이나 자신감이 솟는 순간은 강점의 명확한 신호이다. 어려운 상황에서도 비교적 잘 해내는 일이 무엇인지 돌아보면 된다. 예를 들어 발표를 통해 설득력을 발휘하거나, 갈등 상황에서 조율 능력을 보여주거나, 새로운 아이디어를 기획하는 과정에서 빛날 수 있다.

둘째, "다른 사람들은 나의 어떤 점을 칭찬하는가?"이다. 친구, 동료, 상사 등 주변 사람들이 반복해서 언급하는 칭찬 속에 내가 미처 인식하지 못했던 강점이 숨어 있다. "신뢰감을 준다"거나 "말이 설득력 있다"와 같은 피드백은 나의 브랜드를 형성하는 중요한 단서가 된다.

셋째, "나는 어떤 일을 할 때 쉽게 몰입하고 즐거움을 느끼는가?"라는 질문이다. 시간 가는 줄 모르고 몰입하는 활동, 힘들어도 기꺼이 반복하고 싶은 일은 분명한 강점이다. 글을 쓰거나 문제를 해결하거나, 인터뷰처럼 사람과의 깊은 대화를 나누는 일이 여기에 해당될 수 있다.

강점을 구체화하기 위해서는 몇 가지 방법이 필요하다. 단순히 "소통"이나 "창의성"처럼 추상적인 키워드에 머무르지 말고, "어떤 상황에서 어떻게 발휘되는가"로 풀어내야 한다. 예를 들어 단순한 "소통 능력"이 아니라, "갈등 상황에서 감정을 조율하며 합의점을 끌어내는 소통력"이라고 표현할 때 강점은 훨씬 더 명확해진다. 또한 자신이 빛났던 한 장면을 떠올리면 강점을 이미지화할 수 있다. 여기에 지인들에게 "내가 생각하는 너의 강점은 무엇이야?"라고 물어보는 피드백 카드를 활용하면 의외의 통찰을 얻을 수 있다.

결국 강점은 내가 느끼는 자신감, 타인이 주는 피드백, 그리고 몰입의 순간 속에서 발견된다. 이 세 가지 질문에 진지하게 답해보는 것만으로도, 나의 퍼스널 브랜드를 뒷받침할 핵심 자산이 분명해진다.

■ 실천 사례
: 자동차 부품 하청업체 김 사장의 강점 인식과 퍼스널 브랜드 전환

경기도에서 작은 자동차 부품 하청업체를 운영하는 김 사장은 스스로를 늘 "평범한 기술자"라고 소개했다. 공업고등학교를 졸업하고 대기업이 요구하는 대로 납품만 하다 보니, 자신에게 특별한 브랜드가 있을 리 없다고 생각했던 것이다. 회사는 적자를 내지는 않았지만 새로운 거래처를 확보하기도, 더 큰 기회를 만드는 것도 쉽지 않았다.

하지만 몇 차례의 상담과 미팅을 통해 들여다본 그의 일상 속에는, 누구도 쉽게 따라 하기 어려운 강점들이 숨어 있었다. 겉으로는 평범

해 보이지만, 그의 태도와 습관 속에는 브랜드로 발전시킬 수 있는 씨앗이 분명히 자리 잡고 있었던 것이다.

그는 매일 아침 가장 먼저 출근해 기계를 직접 점검했고, 직원들에게 "기계는 가족처럼 챙겨야 사고가 없다"는 말을 늘 강조했다. 납품 일정이 꼬이면 책임을 회피하기보다 밤새워서라도 약속을 지켰다. 실제로 대기업의 긴급 주문을 처리하기 위해 새벽 5시에 직접 트럭을 몰고 간 일화는 직원들에게도 강렬하게 남아 있었다. 불량이 발생하면 남 탓을 하지 않고 직접 기계를 분해해 고쳤으며, 직원들은 그를 "기술자이자 해결사"라고 불렀다.

무엇보다도 중요한 점은, 김 사장이 단순히 납품만 하는 하청업체 사장에 머물지 않았다는 사실이다. 그는 대기업이 신제품을 개발하는 과정에서 문제점을 사전에 발견해 알려주고, 생산성을 높일 수 있는 방법까지 제안했다. 이런 모습은 대기업으로 하여금 김 사장을 단순한 거래처가 아닌 신뢰할 수 있는 개발 파트너로 인식하게 만들었다.

나는 김 사장에게 이렇게 말했다.
"사장님의 강점은 단순히 성실함이 아닙니다. 그것은 바로 약속을 끝까지 지키고, 문제를 미리 해결하는 신뢰의 파트너라는 점입니다."
이 말은 그에게 큰 전환점이 되었다. 그는 회사의 브랜드 정의를 새롭게 다듬었다.
"우리는 단순히 부품을 납품하는 회사가 아니라, 신뢰와 해결책을 통"이나 "창의성"처럼 추상적인 키워드에 머무르지 말고, "어떤 상황에서 어떻게 발휘되는가"로 풀어내야 한다. 예를 들어 단순한 "소통 능력"이 아니라, "갈등 상황에서 감정을 조율하며 합의점을 끌어내는 소통력"이라고 표현할 때 강점은 훨씬 더 명확해진다. 또한 자신이 빛났던 한 장면을 떠올리면 강점을 이미지화할 수 있다. 여기에 지인들에게 "내가 생각하는 너의 강점은 무엇이야?"라고 물어보는 피드백 카드를 활용하면 의외의 통찰을 얻을 수 있다.

결국 강점은 내가 느끼는 자신감, 타인이 주는 피드백, 그리고 몰입의 순간 속에서 발견된다. 이 세 가지 질문에 진지하게 답해보는 것만으로도, 나의 퍼스널 브랜드를 뒷받침할 핵심 자산이 분명해진다.

■ 실천 사례
: 자동차 부품 하청업체 김 사장의 강점 인식과 퍼스널 브랜드 전환

경기도에서 작은 자동차 부품 하청업체를 운영하는 김 사장은 스스로를 늘 "평범한 기술자"라고 소개했다. 공업고등학교를 졸업하고 대기업이 요구하는 대로 납품만 하다 보니, 자신에게 특별한 브랜드가 있을 리 없다고 생각했던 것이다. 회사는 적자를 내지는 않았지만 새로운 거래처를 확보하기도, 더 큰 기회를 만드는 것도 쉽지 않았다.

하지만 몇 차례의 상담과 미팅을 통해 들여다본 그의 일상 속에는, 누구도 쉽게 따라 하기 어려운 강점들이 숨어 있었다. 겉으로는 평범

해 보이지만, 그의 태도와 습관 속에는 브랜드로 발전시킬 수 있는 씨앗이 분명히 자리 잡고 있었던 것이다.

그는 매일 아침 가장 먼저 출근해 기계를 직접 점검했고, 직원들에게 "기계는 가족처럼 챙겨야 사고가 없다"는 말을 늘 강조했다. 납품 일정이 꼬이면 책임을 회피하기보다 밤새워서라도 약속을 지켰다. 실제로 대기업의 긴급 주문을 처리하기 위해 새벽 5시에 직접 트럭을 몰고 간 일화는 직원들에게도 강렬하게 남아 있었다. 불량이 발생하면 남 탓을 하지 않고 직접 기계를 분해해 고쳤으며, 직원들은 그를 "기술자이자 해결사"라고 불렀다.

무엇보다도 중요한 점은, 김 사장이 단순히 납품만 하는 하청업체 사장에 머물지 않았다는 사실이다. 그는 대기업이 신제품을 개발하는 과정에서 문제점을 사전에 발견해 알려주고, 생산성을 높일 수 있는 방법까지 제안했다. 이런 모습은 대기업으로 하여금 김 사장을 단순한 거래처가 아닌 신뢰할 수 있는 개발 파트너로 인식하게 만들었다.

나는 김 사장에게 이렇게 말했다.
"사장님의 강점은 단순히 성실함이 아닙니다. 그것은 바로 약속을 끝까지 지키고, 문제를 미리 해결하는 신뢰의 파트너라는 점입니다."
이 말은 그에게 큰 전환점이 되었다. 그는 회사의 브랜드 정의를 새롭게 다듬었다.
"우리는 단순히 부품을 납품하는 회사가 아니라, 신뢰와 해결책을 함께 제공하는 협력사입니다."

그 순간부터 김 사장의 행동과 메시지도 달라졌다. 회사 소개서에는 기계 스펙이나 생산능력 대신 "창립 이후 단 한 번도 납기 약속을 어긴 적이 없다"는 기록과 "제품 개발 과정에서 문제 해결 경험이 있다"는 문구를 가장 앞에 실었다. 회의 자리에서도 "우리는 품질, 납기, 생산성 향상 아이디어에서만큼은 결코 타협하지 않는다"라는 메시지를 강조했다. 직원들에게는 "우리는 단순한 하청업체가 아니라 신뢰와 아이디어를 함께 납품하는 회사"라는 자부심을 심어 주었다.

이 작은 변화는 곧 눈에 띄는 성과로 이어졌다. 기존 대기업과의 관계는 더욱 단단해졌고, 새로운 중견기업에서도 협력 요청이 들어오기 시작했다. 거래처 담당자들은 "김 사장 회사는 맡기면 안심되는 든든한 파트너"라고 평가했다. 무엇보다 직원들까지도 스스로의 일을 단순한 부품 생산이 아닌, 신뢰와 해결책을 제공하는 일로 여기며 더 큰 동기부여를 얻었다.

김 사장의 이야기는 중요한 교훈을 준다. 브랜드란 억지로 새롭게 만들어내는 것이 아니라, 이미 가지고 있는 강점을 구체적인 언어와 메시지로 전환해 세상에 보여주는 일이라는 것이다.

2) 나의 약점을 발견하는 3가지 핵심 질문

약점은 내가 상대적으로 어려움을 느끼거나, 반복적으로 실수하는 영역을 뜻한다. 하지만 약점은 숨기거나 부끄러워해야 할 대상이 아니다. 오히려 정확히 인식할수록 보완할 수 있는 전략을 세울 수 있고, 때로는 그것이 성장을 이끄는 강력한 신호가 되기도 한다. 약점을 찾아내는 것은 자기 이해와 브랜드 성장을 위한 중요한 과정이다.

첫째, "어떤 일을 할 때 불편함이나 부담을 느끼는가?"라는 질문이다. 업무 중 자주 스트레스를 받거나 본능적으로 피하고 싶은 일, 혹은 미루는 과제가 바로 약점의 단서다. 예를 들어 발표 자리가 부담스럽거나, 숫자를 다루는 일이 어렵게 느껴질 수 있다. 이런 불편함은 내가 더 성장해야 할 영역을 알려주는 신호다.

둘째, "반복적으로 실수하거나 자신 없는 영역은 무엇인가?"라는 질문이다. 비슷한 상황에서 자꾸 실수를 반복하거나, 자신감이 떨어지는 일이 있다면 그것은 명확한 약점이다. 예를 들어 고객의 피드백에 즉각적으로 대응하지 못하거나, 시간 관리를 놓쳐 일정을 지키지 못하는 경우가 이에 해당한다. 이런 약점은 방치하면 발목을 잡지만, 정확히 인식하면 새로운 개선의 기회가 된다.

셋째, "앞으로 발전시켜야 할 기술이나 태도는 무엇인가?"라는 질문이다. 지금 당장 부족하지만, 향후 커리어와 관계 속에서 반드시 필요하다고 느끼는 기술과 태도가 있다. 예를 들어 글쓰기 역량, 감정 표현 능력, 팀원과의 협업 스킬 등이 그렇다. 이 질문은 나의 약점을 단순히 결핍으로 보지 않고, "앞으로 채워나가야 할 성장 과제"로 바라보게 한다.

결국 약점을 발견하는 것은 나의 결핍을 드러내는 것이 아니라, 앞으로의 성장 여정을 설계하는 출발점이다. 내가 어떤 상황에서 불편함을 느끼고, 어떤 영역에서 반복적으로 흔들리며, 앞으로 어떤 기술을 보완해야 하는지를 정직하게 마주할 때, 퍼스널 브랜드는 더욱 단단해질 수 있다

■ 실전 사례
: 약점을 기회로 바꾼 디자이너 이야기

필자가 코칭을 진행했던 한 프리랜서 디자이너가 있었다. 그는 처음 만났을 때 자신의 문제점을 이렇게 말했다. "저는 고객과 소통이 잘 안됩니다. 특히 고객이 원하는 디자인 방향과 제 의견이 충돌할 때 어려움을 겪습니다. 예를 들어, 브리핑 자리에서 고객이 원하는 포인트를 명확히 정리하지 못해 중요한 부분을 놓치곤 했습니다. 그러다 보니 결과물이 고객 기대와 어긋나 수정 요청이 여러 번 반복되었고, 신뢰를 잃을까 늘 불안했습니다. 또 제 의견을 조리 있게 설명하지 못해 회의 자리에서 '전문성이 부족하다'는 인상을 준 적도 있습니다. 이런 경험이 쌓이다 보니 고객 앞에 서는 것이 점점 두렵습니다."

그는 스스로 이 약점을 인정하면서도, 어떻게 개선해야 할지 막막해하고 있었다.

그는 몇 회의 코칭을 통해 자신의 문제를 직시하고, 약점을 회피하

지 않고 정면으로 마주할 수 있는 자신감을 얻게 되었다. 약점은 숨겨야 할 것이 아니라 성장의 기회라는 사실도 깨달았다. 이를 바탕으로 그는 구체적인 실천 계획을 세워 실행에 나섰다.

커뮤니케이션 관련 책을 읽고 메일 작성법과 회의 스크립트를 연습했으며, 고객과 대화할 때는 요청사항을 다시 확인하는 습관을 들였다. 또한 프로젝트 종료 후에는 반드시 피드백을 요청하며 관계를 이어갔다.

몇 달이 지나자 변화가 나타났다. 고객과의 대화가 자연스러워졌고, 고객 만족도와 재계약율도 크게 높아졌다. 결국 그는 약점이라 여겼던 부분을 오히려 자신만의 강점으로 전환하는 성과를 만들어냈다.

이 사례는 약점을 회피하지 않고 정면으로 바라볼 때, 그것이 성장을 이끄는 강력한 자원이 될 수 있음을 보여주는 사례이다.
이 사례는 약점을 대하는 태도의 중요성을 보여준다. 약점을 외면하는 순간 그것은 발목을 잡지만, 정면으로 마주하고 훈련하면 브랜드의 신뢰를 높이는 자산이 될 수 있다.

① 약점을 극복하는 3단계 전략
약점을 기회로 바꾸기 위해서는 세 가지 단계를 기억해야 한다.

첫째, 피하지 말고 객관적으로 마주하기이다. 반복해서 불편함을 느끼거나 같은 실수를 저지른다면, 거기에는 반드시 패턴이 있다. 이를 정직하게 인정하는 것이 출발점이다.

둘째, 그 약점이 미치는 영향을 파악하기이다. 나의 약점이 관계에 어떤 영향을 주는지, 결과를 얼마나 흔들었는지, 내 감정에 어떤 상처를 남겼는지를 구체적으로 써보면, 문제의 크기가 눈에 보이게 된다.

셋째, 보완 행동 계획을 세우기이다. 완벽하게 고치겠다는 다짐보다, 작게 시작할 수 있는 액션이 중요하다. 책을 읽거나, 멘토의 피드백을 구하거나, 실전 훈련을 반복하는 방식으로 작은 변화를 쌓아가면 된다.

결국 약점은 약점으로 끝나지 않는다. 그것을 어떻게 바라보고 다루느냐에 따라, 약점은 오히려 브랜드의 신뢰를 높이는 가장 강력한 성장 자산이 될 수 있다.

3) 강점과 약점을 함께 보는 힘 : 균형 잡힌 시각

퍼스널 브랜드를 구축할 때 많은 사람들은 자신의 강점을 강조하는 데 집중한다. 그러나 강점만을 바라보는 시야는 균형을 잃게 만들 수 있다. 진정으로 탄탄한 브랜드는 강점을 발전시키는 동시에, 약점이 그 강점을 가리지 않도록 조율하는 능력에서 비롯된다.

예를 들어 어떤 사람이 '창의적인 아이디어 발상'에 강점을 가지고 있다고 하자. 하지만 그 아이디어를 실제로 실행하고 전달하는 능력이 부족하다면, 창의력은 머릿속에서만 빛나고 현실에서는 성과로 이어지지 않는다. 결국 약점을 방치하면 강점조차 제 역할을 하지 못하는 것이다.

따라서 필요한 것은 약점을 단순한 결점으로 바라보는 것이 아니라, 보완 가능한 성장 자산으로 인식하는 관점이다. 실행력이 부족하다면 계획형 파트너와 협업할 수 있고, 감정 표현이 서툴다면 피드백을 글로 적어보는 연습부터 시작할 수 있다. 발표가 두렵다면 소규모 스피치로 자신감을 쌓으며 점진적으로 확장하는 전략을 취할 수 있다.

강점은 나의 브랜드를 빛나게 하지만, 약점을 어떻게 다루느냐가 그 빛을 오래 지속시키는 열쇠이다.

■ **자기 성찰 질문**
아래 질문에 답을 직접 적어보세요. 짧은 단어라도 괜찮습니다.

◎ 내가 무엇을 할 때 가장 자신 있는가?
성취감과 자신감을 느끼며, 어려운 상황에서도 잘 해내는 일은 무엇인가?
→ _____

◎ 다른 사람들이 자주 칭찬하는 나의 장점은 무엇인가?
반복적으로 듣는 칭찬 속에 나의 강점 단서가 숨어 있다.
→ _____

◎ 나는 어떤 일을 할 때 가장 몰입하고 즐거운가?
시간 가는 줄 모르고 몰입하는 활동은 무엇인가?

◎ 어떤 일을 할 때 불편함이나 부담을 느끼는가?
(자주 스트레스를 받거나, 미루고 싶은 활동은 무엇인가?)
→ _____

◎ 반복적으로 실수하거나 자신 없는 영역은 무엇인가?
(비슷한 상황에서 자꾸 틀리거나 자신감을 잃는 일은 무엇인가?)
→ _____

◎ 앞으로 발전시켜야 할 기술이나 태도는 무엇인가?
(성장을 위해 필요하지만 아직 부족한 역량은 무엇인가?)
→ _____

♣ 실습 박스

Step 1. 강점 구체화하기

단순한 키워드가 아니라, "어떤 상황에서 어떻게 발휘되는가?"로 적어보세요.

◎ 나의 강점 키워드 : _____

◎ 구체적 상황 설명 : _____

◎ 내가 빛났던 대표 장면 : _____

◆ 예시 :
- 단순 키워드 → "소통 능력"
- 구체화 → "갈등 상황에서 감정을 조율하며 합의점을 이끌어내는 소통력"
- 내가 빛났던 대표 장면 → "팀 회의에서 의견 충돌을 중재해 모두가 동의하는 결론을 이끌어낸 경험"

Step 2. AI와 함께 강점 정의하기

ChatGPT에 아래 프롬프트를 입력해 보세요.

AI 실습 프롬프트

"내 강점은 [여기에 답변 적기]이고,
사람들이 나를 [칭찬하는 내용]이라고 말해.

내가 몰입하는 일은 [여기에 적기]야.
이 내용을 바탕으로 나를 한 문장으로 표현하는 퍼스널 브랜드 정의문을 만들어줘."

AI가 제안한 정의문을 그대로 쓰지 말고, 본인의 언어로 다듬어 사용해 보자.

Step 3. 나의 강점 기반 퍼스널 브랜드 정의문

"나는 _____ 한 사람이다."

■ 예시 :

"나는 사람의 이야기를 따뜻하게 기억하고, 커피와 글로 마음을 돌보는 사람이다."

"나는 복잡한 문제를 쉽게 풀어내어 사람들을 돕는 따뜻한 커뮤니케이터다."

Step 4. 약점 구체화하기

단순한 키워드가 아니라, "어떤 상황에서 어떤 결과로 이어지는가?"로 적어보세요.

◎ 나의 약점 키워드 : _____

◎ 구체적 상황 설명 : _____

◎ 약점이 만든 결과 : _____

◆ 예시 :
- 단순 키워드 → "시간 관리 부족"
- 구체화 → "마감 직전까지 일을 미루다가 급하게 처리하는 습관"
- 약점이 만든 결과 → "프로젝트 품질이 떨어지고, 동료에게 신뢰를 잃은 경험"

2.3 SWOT 분석: 퍼스널 브랜드를 명확히 다듬는 프레임

SWOT 분석은 원래 기업이 전략을 세울 때 활용하는 대표적인 도구이다. 그러나 이 방법은 개인이 자신의 퍼스널 브랜드를 설계할 때도 강력한 힘을 발휘한다. 브랜드를 단순히 "이미지 관리" 차원에서 바라보는 것이 아니라, 나의 현재 위치를 객관적으로 진단하고, 미래 방향을 전략적으로 설계할 수 있게 해주기 때문이다.

핵심은 내부 요인과 외부 요인을 균형 있게 바라보는 것이다.

◎ 내부 요인 : 내가 가진 강점(Strength)과 약점(Weakness)이다. 즉, 나를 돋보이게 하는 자산과 동시에 나를 가로막는 한계 요인을 분석하는 것이다.

◎ 외부 요인 : 환경 속 기회(Opportunity)와 위협(Threat)이다. 시대 변화, 기술 트렌드, 사회적 요구 등 외부 요인이 나의 브랜드에 어떤 영향을 주는지를 파악하는 것이다.

예를 들어, 한 직장인이 강점으로는 '데이터 분석 능력', 약점으로는 '발표 불안'을 가지고 있다고 하자. 외부 환경을 보면 AI 도구 확산이라는 기회가 존재하는 동시에, 자동화로 단순 직무가 줄어드는 위협도 있다. 이 경우 그는 데이터 분석 능력을 AI 도구와 결합해 새로운 가치를 만들고, 발표 불안은 코칭이나 작은 실습을 통해 개선하는 전략을 세울 수 있다.

즉, SWOT 분석은 나를 둘러싼 내적·외적 요인을 한눈에 정리하고, 그 안에서 "나는 어디에 집중해야 하는가? 무엇을 보완해야 하는가?"를 분명히 해주는 도구이다. 퍼스널 브랜드를 설계할 때 SWOT 분석을 활용하면, 감각적인 포장에 그치지 않고 현실적이고 실행 가능한 전략을 만들 수 있다.

퍼스널 브랜딩은 우연이 아니라 전략이다. SWOT 분석은 나를 객관적으로 바라보고, 강점은 살리고 약점은 관리하며, 기회는 활용하고 위협은 대비하는 균형 잡힌 브랜드 전략을 세우게 하는 나침반이다.

1) SWOT 항목 정의와 질문

항목	핵심 정의	생각해볼 질문
강점 (Strengths)	내가 잘하는 것, 나만의 능력	남들이 나에게 도움을 요청하는 영역은? 어떤 상황에서 성과를 잘 내는가?
약점 (Weaknesses)	부족하거나 개선이 필요한 부분	반복되는 실수나 회피하는 활동은? 내가 가장 불편한 역할은?
기회 (Opportunities)	내가 활용할 수 있는 외부 상황	시대 트렌드, 나를 필요로 하는 시장 변화는 무엇인가?
위협 (Threats)	외부에서 나에게 영향을 줄 수 있는 요소	경쟁자 증가, 기술 변화, 조직 환경의 변화 등은 무엇인가?

사례 : 대학생 M군의 SWOT 분석

대학교 졸업을 앞둔 M군은 자신의 퍼스널 브랜드 정립에 어려움을 겪었다. 그는 SWOT 분석을 통해 상황을 다음과 같이 정리했다.

항목	내용
강점	빠른 학습 능력, 창의적 아이디어 발상, 협업을 즐기는 태도
약점	발표 불안, 자신감 부족으로 인한 표현력 한계
기회	프로젝트 기반 학습 경험 다수, 포트폴리오 구성 기회 풍부
위협	경쟁이 치열한 광고 기획 분야, 실무 경험 부족

M군은 강점을 살려 독창적 프로젝트를 포트폴리오로 시각화했고, 약점을 보완하기 위해 발표 동아리 활동과 스피치 코칭을 시작했다. 그 결과, 자신만의 서사를 가진 퍼스널 브랜드를 확립해 원하는 직무에 합격할 수 있었다.

2) 실천 가이드

SWOT 분석을 효과적으로 활용하려면 단순히 표를 채우는 데서 멈추지 말고, 실제 행동으로 연결될 수 있도록 단계별로 정리해야 한다. 다음 과정을 따라가 보자.

① 강점과 약점을 구체적 사례로 적기
추상적인 단어보다는 실제 장면을 기록하는 것이 중요하다.

🔲 "소통 능력" → "팀 회의에서 의견 충돌을 중재해 합의를 이끌어낸 경험"

② 강점 강화와 약점 보완 계획 세우기
강점은 더 자주, 더 큰 무대에서 활용할 기회를 만들고, 약점은 작게라도 개선할 실행 계획을 적는다.

🔲 "강점 - 기획력 → 매달 사내 아이디어 회의 주도하기"
"약점 - 발표 불안 → 소규모 모임에서 짧은 발표 연습하기"

③ 외부 기회와 위협을 연결해 브랜드 전략 문장 만들기
시장의 흐름, 산업의 변화, AI·디지털 트렌드 같은 외부 요인과 내부 요인의 강·약점을 연결해보자.

이 과정을 통해 "나의 브랜드 전략 문장"을 만들어내면 방향이 한층 선명해진다.

🔲 "AI 시대에 반복 업무는 줄어들지만, 사람 간의 신뢰는 더 중요해진다. 나는 '데이터를 쉽게 풀어내는 따뜻한 커뮤니케이터'로 자리매김하겠다."

■ 질문하기

◎ 강점: 남들이 나에게 자주 부탁하는 영역은 무엇인가?

◎ 약점: 반복되는 실수는 무엇인가?

◎ 기회: 현재 시장에서 나를 필요로 하는 변화는 무엇인가?

◎ 위협: 나의 성장을 방해할 수 있는 외부 요소는 무엇인가?

♣실습 박스

나의 SWOT 퍼스널 브랜드 전략표

SWOT 요소	나의 답변	강화/보완 전략
강점 (S)		
약점 (W)		
기회 (O)		
위협 (T)		

최종 전략 문장

"나는 [강점]을 기반으로, [기회]를 활용하여, [약점]을 보완하고 [위협]을 극복하는 퍼스널 브랜드를 구축한다."

AI 실습 프롬프트

앞서 작성한 내용을 AI를 통해 퍼스널브랜드 성장전략을 정리해 보자. ChatGPT에 다음을 입력해 보라.

> "내 퍼스널 브랜드 SWOT 분석을 해줘.
> 내 강점은 [여기에 적기],
> 약점은 [여기에 적기],
> 기회는 [여기에 적기],
> 위협은 [여기에 적기]야.

2.4 나를 구성하는 두 가지 거울: 내적요소와 외적요소

우리는 흔히 퍼스널 브랜드를 말할 때, 눈에 보이는 외형적인 것들을 먼저 떠올린다. 화려한 이력, 멋진 말솜씨, 세련된 SNS 프로필 사진이나 로고 같은 것들 말이다. 하지만 퍼스널 브랜드는 단순히 겉모습이나 외부 장식으로만 완성되지 않는다. 진짜 브랜드는 눈에 보이지 않는 내면의 뿌리에서 출발한다. 내면이 비어 있으면 외부의 화려한 포장은 금세 무너지고, 반대로 내면만 탄탄해도 그것이 외부 표현을 만나지 못하면 타인에게 각인되지 않는다.

그래서 우리는 자신을 바라보는 두 가지 거울이 필요하다. 하나는 내적인 거울이다. 이 거울은 나라는 사람의 성격, 능력, 가치관, 정체성을 비추어 준다. 내가 어떤 사람인지, 무엇을 중요하게 여기는지, 어떤 방식으로 세상과 연결되는지를 드러내는 내적 거울이야말로 브랜드의 본질이다.

또 다른 하나는 외적인 거울이다. 사람들은 나의 말투, 태도, 글쓰기, 선택과 행동, 그리고 내가 가진 경력과 자격 같은 외적인 요소들을 통해 나를 평가하고 기억한다. 즉, 외적 거울은 내가 세상에 어떻게 드러나는지를 보여주는 무대이다.

한국에서 오래전부터 인물을 평가할 때 중요한 기준으로 사용된 '신언서판(身言書判)'이라는 말이 있다. 몸가짐(身), 말(言), 글(書), 판

> 이 네 가지를 종합해 나의 퍼스널 브랜드 성장 전략을 한 문장으로 정리해줘."

독자들이 직접 사용중인 AI에 위 프롬프트를 완성해보자. 어떤 결과물이 나왔는지?

AI가 만들어준 전략 문장을 토대로, "나는 ○○을 기반으로 ○○을 활용해 성장하는 브랜드다"로 디듬이 최종 선언문을 만들어 보자.

단력(判) 네 가지가 좋은 사람을 일컫는 지표였다. 오늘날 우리는 여기에 학력과 자격 같은 신뢰 자산을 더해볼 수 있다. 이 기준은 500년 전에도 사람을 평가하는 데 쓰였고, 지금도 여전히 유효하다. 퍼스널 브랜드의 내·외적 요소를 균형 있게 이해하는 데 좋은 틀이 된다.

내면의 요소는 뿌리이고, 외면의 요소는 가지와 꽃이다. 나무를 떠올려 보자. 뿌리가 깊고 건강해야 가지가 무성하게 뻗고 꽃과 열매가 아름답게 맺힌다. 반대로 뿌리가 부실하면 아무리 겉이 화려해도 곧 시들어 버린다. 퍼스널 브랜드도 마찬가지다. 성격·능력·가치관·정체성 같은 내적 뿌리가 단단해야 하고, 동시에 말·행동·글쓰기·판단·자격 같은 외적 요소가 잘 드러날 때 사람들은 나를 명확하게 기억한다.

결국 퍼스널 브랜드란, 내가 어떤 사람인지 내적으로 분명히 알고, 그것을 외적으로 일관성 있게 표현하는 과정이다. 내 안의 진정성과 밖으로 드러나는 표현력이 만나야 비로소 브랜드는 힘을 가진다. 이 두 가지 거울을 통해 자신을 성찰하고 정리하는 것이 퍼스널 브랜딩의 첫걸음이 된다 따라서 퍼스널 브랜딩의 첫걸음은 이 두 가지 거울을 통해 자신을 성찰하고 정리하는 데서 시작된다.

앞서 "나는 누구인가"라는 질문을 통해 나의 내적 요소를 점검해 보았다면, 이제는 내 주변 사람들이 가장 먼저 인식하는 외적 요소에 대해 살펴볼 차례다

1) 신언서판으로 보는 외적요소

① 신(身): 몸과 태도에서 드러나는 첫인상
사람은 누구나 첫인상으로 기억된다. 옷차림, 표정, 자세, 목소리 같은 시각적 단서는 단 몇 초 만에 상대방의 판단을 좌우한다. 프린스턴대 알렉산더 토도로프 교수 연구팀이 밝혔듯, 얼굴을 0.1초만 보아도 사람들은 신뢰감과 능력을 평가한다. 더 놀라운 점은, 이후 충분히 대화를 나누어도 그 첫 판단이 쉽게 바뀌지 않는다는 것이다.

이처럼 첫인상은 단순한 외형이 아니라, 그 사람의 분위기와 태도가 만들어내는 종합적인 메시지다. 앨버트 메러비안 교수의 법칙도 이를 뒷받침한다. 시각적 요소가 55%, 목소리 톤 같은 청각적 요소가 38%, 실제 말의 내용은 7%만 영향을 준다는 것이다. 다시 말해, 보이는 것과 들리는 태도가 곧 나의 브랜드 첫 장을 장식한다.

물론 타고난 외모가 도움이 될 때도 있다. 그러나 역사는 그것이 본질이 아님을 증명해왔다. 조선시대의 한명회는 뛰어난 외모와 거리가 있었지만, 정치 감각과 처세술로 왕의 신임을 얻었다. "못 생겨서 죄송합니다"로 유명한 개그맨 이주일 역시 전형적인 미남은 아니었지만, 날카로운 풍자와 유머로 국민적 아이콘이 되었다.

필자가 삼성그룹 신입사원 연수에서 체험했던 실습-악수법, 명함 주고받기, 테이블 매너-역시 같은 맥락이다. 처음 만났을 때 작은 동작 하나, 눈빛 하나가 상대방의 신뢰와 평가를 결정한다. 결국 퍼스널 브랜드에서 첫인상은 단순히 '처음 만나는 순간'이 아니라, "나는 이런 사람입니다"라는 선언의 장인 셈이다.

② 언(言): 나를 드러내는 언어와 목소리

사람을 평가할 때 말은 결코 가볍지 않다. 언(言)은 단순히 '말을 한다'는 행위가 아니라, 내 생각과 감정을 상대에게 어떻게 전달하느냐를 보여주는 핵심적인 표현이다.

목소리 톤, 속도, 발음의 명료함은 그 자체로 신뢰도를 좌우한다. 안정적이고 차분한 목소리는 상대에게 안심을 주고, 명확한 발음과 논리적인 구조는 내 메시지를 설득력 있게 만든다. 반대로 같은 말을 해도 불분명한 어휘, 불안정한 목소리, 산만한 문장은 나의 브랜드 신뢰도를 떨어뜨린다.

예를 들어, 한 정치인이 지식과 비전을 갖추었더라도 목소리에 힘이 없고 어휘가 모호하다면, 사람들은 그에게서 카리스마와 신뢰를 느끼지 못할 수 있다. 반면, 타고난 목소리가 매끄럽지 않아도 꾸준히 발음 교정, 복식호흡, 스피치 훈련을 통해 개선한다면, 그 노력 자체가 오히려 '신뢰할 수 있는 브랜드'의 증거가 된다.

결국 언(言)은 단순한 말솜씨를 넘어, 나의 진정성과 전문성을 드러내는 통로다. 어떤 목소리로, 어떤 언어로, 어떤 태도로 말하는지가 곧 나의 브랜드 품격을 결정한다.

■ 질문하기

◎ 나는 첫인상에서 어떤 이미지를 주고 있는가?

◎ 나의 옷차림과 표정, 자세는 내가 원하는 브랜드 메시지와 일치하는가?

◎ 나의 목소리 톤과 말하는 방식은 상대에게 신뢰를 주는가?

◎ 사람들이 내 언변에서 느끼는 인상은 무엇인가?

♣ 실습 박스

AI 실습 프롬프트
■ 실습 : 내 첫인상 & 말하기 피드백 받기 (ChatGPT 활용)

> 프로필 사진 또는 짧은 자기소개 영상(30초)을 준비한다.
> ChatGPT에 "이 사진(또는 영상 속 나)을 본 사람들이 어떤 첫인상을 받을까?"라고 질문한다.
> 예 "자신감 있는가, 따뜻한가, 전문성이 느껴지는가?"
>
> 이어서, 30초 자기소개 원고를 입력하고 "이 소개가 신뢰감을 주는가? 더 명확하고 설득력 있게 만들려면 어떻게 수정하면 좋을까?"라고 요청한다.
> 피드백을 받아, 실제 소개 멘트와 목소리 톤을 개선한다.

③ 서(書): 글로 남기는 당신의 생각과 품격

옛날에는 글씨체가 곧 사람의 됨됨이를 보여준다고 믿었다. 하지만 오늘날의 '서(書)'는 단순한 서예 실력이 아니라, 디지털 시대의 글쓰기 전반을 의미한다. 이메일 한 줄, 카카오톡 메시지, 블로그 글, SNS 댓글 하나까지도 모두 당신의 퍼스널 브랜드를 비추는 거울이 된다.

특히 오늘날은 말보다 글로 더 많은 인상을 남기는 시대다. 맞춤법 오류, 과도한 줄임말은 작은 실수 같아 보이지만, 상대방에게는 "세심하지 못하다", "신뢰하기 어렵다"라는 인상을 줄 수 있다. 반대로 지나치게 전문 용어를 남발하면, 상대는 "가까이 다가가기 어렵다"고 느낀다. 글은 나를 표현하는 도구지만 동시에 상대를 배려하는 수단이다.

실제로 필자가 컨설팅했던 스타트업 젊은 대표는 소개팅에서 좋은 인상의 여성을 만났다. 그러나 이후 카카오톡 대화에서 반복되는 맞춤법 오류와 과도한 줄임말로 인해 그녀에 대한 호감은 점차 식어갔고, 결국 관계는 이어지지 못했다. 문제는 외모나 성격이 아니라, 글 한 줄이 만든 인상이 그녀의 브랜드를 흔들어놓은 것이었다.

결국 글은 디지털 시대의 또 다른 얼굴이다. 글을 통해 사람들은 나의 전문성, 태도, 배려심을 판단한다. 그러니 글쓰기를 단순히 정보 전달이 아니라, 브랜드의 품격을 드러내는 표현 방식으로 생각해야 한다.

④ 판(判): 판단과 통찰이 만드는 브랜드의 무게감

'판(判)'은 단순히 지식을 많이 아는 것 이상의 능력을 의미한다. 현실의 복잡한 문제를 어떻게 바라보고, 어떤 선택을 하며, 어떤 방식으로 해결하는가-그 전 과정이 곧 당신의 브랜드 신뢰도를 결정한다.

사람들은 단순히 결과만 보지 않는다. 위기 상황에서 보여주는 태도, 갈등 속에서 내리는 결정, 불확실한 상황에서 드러나는 통찰이 바로 당신을 평가하는 기준이 된다.

역사적으로도 뛰어난 브랜드는 모두 강력한 '판단력'을 기반으로 했다. 조선시대 관리의 자질을 평가할 때도 "문리유장(文理優長)"-즉, 글의 구성과 논리가 뛰어나고, 이해와 판단이 분명하다는 덕목을 중시했다. 현대의 리더십도 마찬가지다. 단순히 많이 아는 것보다, 복잡한 상황을 단순하게 풀어내고, 올바른 길을 선택하는 사람이 존경과 신뢰를 얻는다.

예를 들어, 삼성의 이건희 회장은 한때 "일본을 절대 따라잡을 수 없다"는 비웃음을 들으며 세계 무대에서도 삼성의 가능성을 의심받았다. 하지만 그는 과감하게 반도체를 주력 산업으로 삼겠다는 결정을 내렸다. 그 판단은 당시에는 무모해 보였지만, 수많은 위기와 회의론 속에서도 흔들림 없는 추진력으로 밀어붙였다. 결국 반도체는 삼성뿐 아니라 대한민국을 대표하는 핵심 산업으로 자리 잡았고, 그는 "무모한 도전가"가 아닌 "세계 시장을 뒤흔든 결단의 리더"라는 브랜드를 갖게 되었다.

즉, 판(判)은 당신이 가진 모든 지식과 태도가 응축된 최종적인 신뢰의 증거다. 올바른 판단은 단순히 문제 해결을 넘어서, 당신이라는 브랜드가 어떤 무게감을 가지는지를 세상에 보여준다.

> ■ 질문하기
> ◎ 나는 글쓰기에서 어떤 습관을 가지고 있는가? (맞춤법, 문장력, 말투)
> ◎ 내 글은 상대방에게 전문적이고 명확하게 읽히는가, 아니면 복잡하고 부담스럽게 느껴지는가?
> ◎ 나는 복잡한 문제 상황에서 어떤 판단 기준을 가지고 있는가?
> ◎ 사람들이 내 판단을 신뢰하는 이유(또는 신뢰하지 않는 이유)는 무엇인가?

♣ 실습 박스

AI 실습 프롬프트

■ 실습 : 글쓰기 & 판단력 훈련 (ChatGPT 활용)

글쓰기 점검
최근에 쓴 이메일, SNS 글, 자기소개 글을 붙여넣는다.
ChatGPT에게:
  "이 글에서 신뢰감을 떨어뜨릴 만한 표현은 무엇인가?"
  "같은 내용을 더 명확하고 설득력 있게 고쳐줘."
피드백을 받아 문장을 수정해본다.

■ 판단력 훈련
ChatGPT에 실제 고민 상황을 시뮬레이션한다.
  예 "나는 두 가지 프로젝트 중 하나를 선택해야 한다. A는 안정적이지만 성장성이 낮고, B는 위험하지만 기회가 크다. 각각의 장단점을 정리해주고, 나의 가치관 (예 안정 vs 도전)에 따라 선택 기준을 추천해줘."
프롬프트 작성시 두가지 프롬프트를 구체적으로 명시해주면 훨씬 정확한 답을 기대할 수 있다
이러한 과정을 반복하면, 나만의 판단 기준이 점점 더 명확해진다.

⑤ 자(資): 학력과 자격 — 변화하는 시대의 전문성 증명 지표

과거에는 학력과 자격증이 인생을 결정짓는 강력한 브랜드 요소였다. 명문대 졸업장 하나, 전문직 라이선스 하나만 있어도 사회적 인정과 안정적인 고소득이 보장되던 시절이 있었다. 심지어 그것은 성실성의 지표이자, 기본 신뢰의 보증수표로 여겨졌다.

그러나 AI와 디지털 전환의 시대에 들어서면서, 학력과 자격의 의미는 예전과는 달라지고 있다. 더 이상 "스펙"만으로 성공이 보장되지 않는다. 물론, 학력과 자격증이 무의미하다는 뜻은 아니다. 여전히 이는 전문성을 입증하는 최소한의 객관적 증거로 작동한다. 다만, 그것만으로는 충분하지 않다. 중요한 것은 이 기본값 위에 나다운 차별성을 더하는 것이다.

예를 들어, 두 명의 변호사가 있다고 하자. 두 사람 모두 명문대 법대를 졸업했고, 변호사 자격증을 갖췄다. 그러나 한 사람은 "기업 자문 전문"이라는 자기만의 브랜드를 구축했고, 또 다른 사람은 "스타트업 법률 파트너"라는 영역을 확실히 잡았다. 같은 자격증이지만, 브랜드의 힘은 완전히 달라진다.

따라서 학력과 자격은 브랜드의 시작점일 뿐이다. AI가 대체할 수 없는 경험, 가치관, 태도, 차별성을 어떻게 덧입히느냐에 따라, 같은 자격증을 가진 사람 중에서도 누구는 시장에서 특별히 선택받고, 누구는 평범한 전문가로 남게 된다.

결국, 자(資)는 "증명"의 언어다. 하지만 그것을 넘어, 당신의 스토

리와 연결될 때 비로소 브랜드가 된다.

> ■ 질문하기
> ◎ 나는 어떤 학위나 자격증을 가지고 있는가?
> ◎ 그것이 내 전문성을 어떻게 증명하고 있는가?
> ◎ 나는 학력과 자격을 '기본값'으로 두고, 그 위에 어떤 차별성을 더할 수 있는가?
> ◎ 지금 내 자격과 경험을 어떻게 스토리로 풀어내고 있는가?

♣ 실습 박스

AI 실습 프롬프트
■ 실습 : 학력·자격 기반 퍼스널 브랜드 강화하기 (ChatGPT 활용)
■ 자격증/학위 점검표 만들기
> "내가 가진 학력과 자격증을 정리한 목록을 바탕으로, 각 항목이 어떤 브랜드 가치를 줄 수 있는지 분석해줘."
> 예 "○○대학교 경영학과 → 전략적 사고, 경영 프레임워크 이해" / "경영지도사 자격증 → 전문적 캠페인 설계 능력"

■ 차별화 스토리 연결하기
1) ChatGPT에게 브랜드 스토리 요청:
> "내 학력과 자격증을 바탕으로, 다른 사람과 차별화된 브랜드 스토리 문장을 3개 만들어줘."
> 예 "저는 ○○ 자격증을 기반으로 하지만, 단순한 이론가가 아닌 현장형 전문가야." 다른 사람과 차별화된 브랜드 스토리 문장을 3개 만들어줘."

2) ChatGPT에게 블로그 콘텐츠 요청:
> "내가 가진 자격증과 학위로 신뢰를 줄 수 있는 블로그 콘텐츠 5개를 제안해줘."
> 예 "비전공자도 이해할 수 있는 ○○ 법률 가이드", "자격증 공부 과정에서 배운 3가지 실전 팁"

2-5 브랜드 스토리: 나의 이야기를 메시지로 바꾸는 힘

1) 브랜드 스토리의 힘

스토리는 단순한 일화가 아니다. 그것은 사람들의 마음을 움직이고, 공감을 불러일으키며, 행동을 촉발하는 브랜드의 핵심 도구다. 이야기가 없는 브랜드는 금세 잊히지만, 이야기가 있는 브랜드는 사람들의 기억 속에 오래 머문다.

AI 시대에 우리가 가진 가장 큰 경쟁력은 자신만의 삶의 의미를 발견하고 이를 통해 각자의 고유한 스토리를 만들어 가는 것이다.

소비자는 사실과 숫자보다 이야기에 먼저 반응한다. 예를 들어 "1년 만에 매출을 200% 올렸다"라는 성과보다, "추운 겨울날 하루 매출이 2만 원도 안 되던 시절, 택배 기사에게 핫팩을 건넸는데, 그분이 동네 커뮤니티에 카페를 소개해주며 손님이 늘기 시작했다"라는 이야기가 훨씬 더 오래 기억된다. 이야기는 성과보다 과정, 데이터보다 감정을 담기에 사람들의 마음속에 강하게 각인된다.

2) 좋은 브랜드 스토리에 담겨야 할 세 가지

모든 이야기가 감동을 주는 것은 아니다. 그러나 사람들의 마음을 움직이는 스토리에는 공통적으로 세 가지 요소가 담겨 있다.

첫째, 진정성이다. 솔직함은 스토리의 가장 강력한 무기다. 꾸며낸 성공담은 금세 드러나고 신뢰를 잃지만, 실패와 좌절을 있는 그대로 고백하는 이야기에는 힘이 있다. 진심 어린 고백은 듣는 사람에게 깊은 공감을 일으킨다.

둘째, 감정이다. 사건을 단순히 나열하는 것이 아니라, 그 순간 내가 어떤 감정을 느꼈는지를 구체적으로 표현해야 한다. 예를 들어, "무대 위에서 머릿속이 새하얘졌다"라는 디테일은 듣는 이로 하여금 마치 그 자리에 있는 듯한 몰입을 불러일으킨다. 감정의 서술은 이야기에 생명력을 불어넣는다.

셋째, 교훈이다. 이야기는 단순한 경험담이 아니라, 그 경험을 통해 무엇을 깨달았고 어떻게 변화했는지를 전달해야 한다. "작은 용기의 반복이 나를 앞으로 나아가게 한다"와 같은 메시지가 담길 때 비로소 스토리는 힘을 갖는다.

결국 스토리는 과거를 단순히 회상하는 수단이 아니다. 그것은 지금의 나를 설명하고, 앞으로의 나를 설계하는 강력한 도구이다.

3) 브랜드 스토리의 구조화
브랜드 스토리는 단순히 "내가 누구다"로 끝나서는 안 된다. 그것은 "그래서 내가 당신을 어떻게 도울 수 있는가"로 확장되어야 한다.

> **스토리 구성 4단계**
> 도입 - 나는 어떤 상황에서 무엇을 이루고 싶었는가?
> 전개 - 그 과정에서 어떤 어려움이나 갈등을 겪었는가?

전환점 – 어떤 사건이나 깨달음이 나를 바꾸었는가?
결말 – 나는 무엇을 선택했고, 지금 어떤 의미를 만들고 있는가?

이 구조를 따라가면 나의 경험이 단순한 일대기가 아니라, 메시지와 교훈을 가진 '스토리다운 스토리'로 바뀐다. 도널드 밀러가 《Building a StoryBrand》에서 말했듯, 브랜드는 내가 주인공이 아니라 타인의 여정을 돕는 가이드로 서야 한다.

이해를 쉽게하기 위해 트로트 가수 임영웅에 대해 스토리 구성 단계를 적용하여 보자.

임영웅 사례

① 도입 – 나는 어떤 상황에서 무엇을 이루고 싶었는가?

임영웅은 어린 시절부터 가수의 꿈을 품었지만, 화려한 기획사 지원을 받지 못한 무명가수였다. 그는 "트로트 가수로서 사람들에게 위로와 감동을 주고 싶다"는 소박하지만 강한 열망을 가지고 있었다.

② 전개 – 그 과정에서 어떤 어려움이나 갈등을 겪었는가?

수많은 오디션에서 탈락하고, 무대 기회조차 얻기 힘든 무명 시절이 길게 이어졌다. 주변에서는 트로트라는 장르의 한계와 시장 축소를 이유로 꿈을 접으라는 이야기도 많았다. 하지만 그는 버스킹과 작은 무대를 전전하며 꾸준히 노래를 이어갔다.

③ 전환점 – 어떤 사건이나 깨달음이 나를 바꾸었는가?

2020년 TV 프로그램 미스터트롯에 출연하면서 그는 대중 앞에 본격적으로 알려졌다. 그 무대에서 보여준 진정성 있는 목소리와 담백한 태도는 단숨에 국민들의 마음을 사로잡았다. 그는 "노래는 단순한 경연이 아니라 누군가의 삶을 위로하는 메시지"라는 깨달음을 얻었다.

④ 결말 - 나는 무엇을 선택했고, 지금 어떤 의미를 만들고 있는가?
임영웅은 이후 단순한 '트로트 가수'가 아니라, 세대를 아우르는 '위로와 감동의 아이콘'으로 자리매김했다. 그의 브랜드는 단순한 음악적 성취를 넘어, 어려운 시대를 살아가는 사람들에게 희망과 위로를 전하는 상징이 되었다.

이 사례에서 알 수 있는 점은 "진정성"과 "꾸준한 지속성"이다. 임영웅은 작은 무대에서도 흔들리지 않고 진심을 노래했다. 즉, 퍼스널 브랜드 스토리는 '진정성 있는 시작 → 시련 → 깨달음 → 의미 있는 결말'이라는 4단계 여정을 통해 완성된다.

4) 나만의 브랜드 스토리 작성하기
당신의 브랜드 스토리는 거창할 필요가 없다. 작은 실패, 조그만 선택, 누군가의 말 한마디가 훌륭한 시작점이 될 수 있다. 브랜드는 완벽한 이력서가 아니라 살아 있는 이야기다. 진정성, 감정, 교훈이 담긴 스토리는 사람의 마음에 닿는 통로이자, 평범한 날들을 브랜드로 만드는 연금술이다.

이제 당신 차례다. 당신의 브랜드 스토리는 어떤 도입에서 시작해, 어떤 전개와 전환점을 거쳐, 어떤 결말로 이어지고 있는가? 그리고 그 이야기는 누군가의 마음에 어떤 울림을 줄 수 있을까?

■ 질문하기
◎ 내 인생에서 가장 극적인 전환점은 무엇이었는가?
◎ 그 경험은 지금의 나와 어떻게 연결되는가?
◎ 내가 사람들에게 전하고 싶은 교훈은 무엇인가?

♣ **실습 박스**

AI 실습 프롬프트 (ChatGPT 프롬프트 ■ 예시:)

"나는 [직업/관심 분야]이고, 내 인생의 전환점은 [사건/경험]이었다. 이 경험을 바탕으로 200자 내외의 브랜드 스토리를 작성해 주세요."

이렇게 AI가 작성한 초안을 다듬어 나만의 언어와 감정을 덧입히면, 완성도 있는 브랜드 스토리가 탄생한다.

◆ **실습 워크시트: 나만의 브랜드 스토리 정리하기**

STEP 1. 내가 잊지 못하는 전환의 순간 3가지 떠올리기

한 문장으로 적되, 장면이 눈앞에 그려지도록 구체적으로 써보세요.

■ 예시 : "퇴사 후 집에 혼자 앉아 커피를 마시던 새벽, '내가 뭘 할 수 있을까'라는 질문에 울컥했다."

전환의 순간	한 문장 기록
순간 ①	
순간 ②	
순간 ③	

STEP 2. 그 경험이 지금의 나에게 끼친 영향 적기

내 삶의 태도, 일하는 방식, 관계의 자세가 어떻게 달라졌는지를 써보세요.

■ 예시 : "이후 나는 내 감정을 매일 기록하며 나를 관찰하는 습관을 들였다."

전환의 순간	나에게 끼친 영향
순간 ①	
순간 ②	
순간 ③	

STEP 3. 그때의 감정을 한 단어로 정리하기

'불안', '도약', '수치심', '회복', '결심', '초연함' 등 감정을 명확히 표현하세요.

감정은 스토리에 설득력을 주는 핵심 키워드입니다.

전환의 순간	감정 키워드
순간 ①	
순간 ②	
순간 ③	

◆ 활용 팁

위 3단계를 모두 채우면 이미 나만의 브랜드 스토리 초안이 완성된다. 이후에는 ChatGPT 같은 AI에게 문장을 다듬도록 요청하거나, 내 언어와 감정을 덧입혀 자연스럽게 확장하면 된다.

AI 실습 프롬프트

아래 프롬프트를 ChatGPT 같은 AI에 입력해 보세요.

내가 정리한 답변을 기반으로 AI가 새로운 인사이트를 제안해줄 것입니다.

나는 내 퍼스널 브랜드를 자기 성찰을 통해 정리하고 싶어.

내 직업은 [여기에 적기],

내 브랜드 키워드는 [여기에 적기],

내 강점은 [여기에 적기],

내 약점은 [여기에 적기],

내가 소중히 여기는 가치는 [여기에 적기]야.

이 정보를 바탕으로
1) 나의 브랜드 정체성을 정리해주고,
2) 강점과 가치를 살린 브랜드 전략,
3) 약점을 보완할 실행 아이디어,
4) 앞으로 5년간의 성장 방향을 제안해줘.

◆ 자기 성찰 워크북

퍼스널 브랜드의 출발점은 자기 성찰(Self-Reflection)이다. 내가 누구인지, 무엇을 잘하는지, 어떤 가치를 추구하는지 명확히 정리하지 않으면 브랜드는 흔들린다. 아래 워크북을 통해 스스로를 탐구하고, AI 실습으로 더 깊이 확장해보자.

Step 1. 나의 정체성 점검

◎ 나는 누구인가? (직업·역할·자신을 표현하는 한 문장)

→ _____

◎ 나의 브랜드 키워드 3개

① _____ ② _____ ③ _____

◎ 내가 소중히 여기는 가치 3가지

① _____ ② _____ ③ _____

Step 2. 나의 강점 & 약점

◎ 내가 잘하는 일 3가지

① _____ ② _____ ③ _____

◎ 내가 어려워하거나 개선이 필요한 부분 3가지

① _____ ② _____ ③ _____

Step 3. 나의 스토리

◎ 나를 가장 성장시킨 경험은 무엇인가?

→ _____

◎ 나의 삶에서 중요한 전환점은 무엇이었는가?

→ _____

◎ 그 경험이 내 브랜드에 어떤 의미를 주었는가?

→ _____

Step 4. 나의 관계

◎ 주변 사람들이 나를 어떻게 평가하는가?

→ _____

◎ 나는 타인에게 어떤 인상을 주고 싶어 하는가?

→ _____

Step 5. 나의 미래

◎ 5년 뒤, 나는 어떤 브랜드로 기억되고 싶은가?

→ _____

◎ 10년 뒤, 내가 사회에 남기고 싶은 흔적(레거시)은 무엇인가?

→ _____

"당신의 퍼스널 브랜드는 당신이 자리에 없을 때, 사람들 사이에서 회자되는 이야기다." - 제프 베조스 (Jeff Bezos)

제3장 설계하기-브랜드 전략 수립

> **핵심 인사이트**
> - 퍼스널 브랜드의 방향성과 목표를 설정할 수 있다.
> - 핵심 메시지, 슬로건, 키워드를 활용해 나를 설명하는 언어를 정리할 수 있다.
> - 단기·중기·장기 목표를 구체적으로 세우고 실행 계획을 수립할 수 있다.

3.1 목표 설정하기 ― 내가 이루고 싶은 것은?

브랜드의 방향은 목표에서 시작된다. 퍼스널 브랜딩은 단지 자신을 드러내는 행위가 아니다. 그것은 삶의 의도를 외부와 연결시키는 설계이며, 그 시작은 내가 원하는 것을 명확히 아는 데 있다. 수많은 선택지와 정보 속에서 나는 어떤 기준으로 길을 걸을 것인가? 그 기준이 바로 '목표'다.

"어디로 가야 할지 모른다면, 아무리 빨리 달려도 소용이 없다." 이 단순한 진리가 지금 우리에게 필요한 이유다. 이 단순한 진리가 지금 우리에게 필요한 이유는, 퍼스널 브랜드가 결국 목표와 방향의 총합이기 때문이다.

1) 목표가 없으면 브랜드도 없다

워런 버핏은 "목표가 없는 사람은 아무것도 이루지 못한다."고 했다. 퍼스널 브랜드 역시 마찬가지다. 단지 막연한 성공에 대한 열망만으로는 원하는 위치에 도달할 수 없다.

"유명해지고 싶다", "인정받고 싶다"는 마음은 이해할 수 있지만, 그것은 방향이 아니라 욕망일 뿐이다. 브랜딩은 감정이나 갈망에서 시작될 수 있지만, 그 완성은 결국 구체적인 계획과 실천에서 나온다.

"나는 1년 안에 내 이름을 알릴 수 있는 강연 기회를 10회 만들겠다." 이 문장은 단순한 선언이 아니라, 브랜드를 움직이는 전략의 나침반이다. 목표가 없다면 노력은 방향을 잃은 속도에 불과하다. 그러나 목표가 분명하다면 작은 선택 하나조차 브랜드를 성장시키는 단단한 토대가 된다.

2) 목표 설정의 3단계

(1) 1단계 : 나만의 WHY 찾기

퍼스널 브랜드의 출발점은 '무엇(WHAT)'이 아니라 '왜(WHY)'에서 시작해야 한다.

무엇보다 중요한 것은 "나는 왜 이 일을 하려 하는가?"라는 질문에 답을 찾는 것이다.

'나의 WHY'는 단순한 이유가 아니라, 내가 추구하는 가치이자 브랜드가 세상과 맺는 약속이다. 즉, "나는 왜 이 일을 시작했고, 무엇을 통해 사람들에게 어떤 도움을 주고 싶은가?"라는 질문에 담긴 답이 곧 나만의 WHY다.

실제 사례를 보자. KPC 인증 코치 송○○은 기업 교육 강사로 활동하다가 KPC 자격을 취득 후, 본격적으로 코칭을 자신의 브랜드 중심에 두기 시작했다. 예전에는 "내가 얼마나 말을 잘하는 사람인지"를 보여주려 했지만, 지금은 "질문을 통해 사람이 자기 삶을 스스로 돌아보게 돕는 도구"로 코칭을 바라보고 있다.

그의 WHY는 분명하다.
"나는 솔루션을 주는 사람이 아니라, 질문을 통해 상대가 스스로 답을 찾도록 돕는 사람이 되고 싶다."
이 WHY는 송 코치의 브랜드를 구축하는 핵심 나침반이 되었고, 사람들은 그를 단순한 강사가 아니라 "건강한 방식으로 잠재력을 일깨우는 사람""으로 기억하게 되었다.

결국, WHY를 찾는 것은 퍼스널 브랜드의 뿌리를 세우는 작업이다. WHY가 명확할수록 브랜드는 흔들리지 않고, 타인의 마음에 신뢰와 울림을 남길 수 있다.

(2) 2단계 : SMART 목표로 구체화하기

목표는 '의지'로 세우는 것이 아니라, '설계'로 구축해야 한다. 그 때 필요한 것이 바로 SMART 모델이다. SMART 목표 설정기법은 1981년 미국 경영 컨설턴트 조지 T. 도란(George T. Doran)이 제안한 기법으로 HR, 경영전략, 마케팅,홍보, 성과관리 등에 유용하게 사용하게 사용할 수 있다.

SMART는 Specific(구체적), Measurable(측정 가능), Achievable(달성 가능), Relevant(관련성), Time-bound(기한 설정)의 약자로, 막연한 바람을 실행 가능한 전략으로 바꿔주는 도구다.

예를 들어 "나는 더 많은 사람에게 나를 알리고 싶다"라는 모호한 목표는 SMART로 바꾸면 이렇게 달라진다.

구성	설명	예
S (Specific)	구체적인가?	"퍼스널 브랜드 블로그를 운영한다"
M (Measurable)	측정 가능한가?	"6개월 안에 글 20개, 구독자 500명"
A (Achievable)	현실적으로 달성 가능한가?	지금 자원과 시간 안에서 실행 가능
R (Relevant)	내가 추구하는 가치와 관련 있는가?	자기 성장'이라는 내 WHY와 연결
T (Time-bound)	일정 기한이 설정되어 있는가?	"6개월 이내"

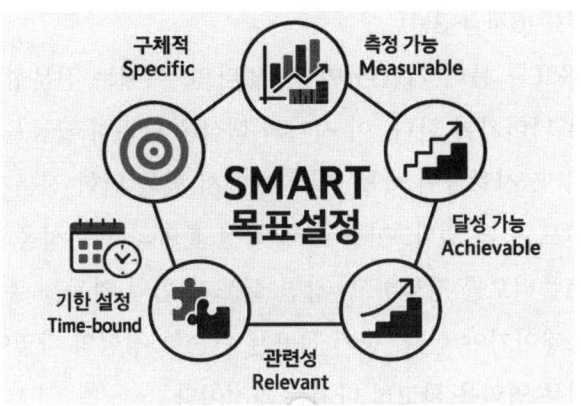

(3) 3단계 : 단기·중기·장기 목표 나누기

퍼스널 브랜드의 목표는 한순간에 완성되지 않는다. 모든 목표는 시간의 축 위에서 단계적으로 배치되어야 한다. 짧게는 몇 개월, 길게는 수년 동안 쌓여야만 브랜드는 비로소 단단해진다.

단기 목표 (1~6개월)

브랜드를 세우는 첫 단계는 거창한 도약이 아니라 작은 습관과 정비에서 시작된다. 이 시기에는 무엇보다 보이는 것부터 정리하는 것이 중요하다. 자신의 브랜드 성격에 맞게 SNS 프로필을 정비하고, 매주 한 번 이상 꾸준히 콘텐츠를 발행하는 루틴을 만드는 것이다. 이러한 작은 실천은 단순히 기록을 남기는 차원을 넘어, 스스로에 대한 자신감을 키우는 밑거름이 된다. 결국 단기 목표는 브랜드 성장의 첫걸음을 내딛는 과정이며, 이후 더 큰 도약을 가능하게 하는 출발점이 된다.

중기 목표 (6개월~3년)

단기 목표를 통해 기반이 마련되었다면, 이제는 전문성을 축적하는 단계로 나아가야 한다. 이 시기의 핵심은 단순히 활동을 이어가는 것이 아니라, 사람들이 나를 "이 분야에서 믿을 만한 전문가"로 인식하도록 만드는 데 있다. 이를 위해 특정 분야의 전문성을 보여줄 수 있는 포트폴리오를 강화하고, 강연·글쓰기·협업 활동을 통해 신뢰를 차곡차곡 쌓아가야 한다. 중기 목표는 단순한 경험의 나열이 아니라, 나만의 전문 영역을 확고히 다지는 과정이다.

장기 목표 (3년 이상)

브랜드는 시간이 지나면서 자연스럽게 확장되는 단계에 이른다. 이 시기에는 더 이상 개인의 성취에 머무르지 않고, 사회와 후배 세대에 기여하는 방향으로 발전해야 한다. 자신의 이름을 건 브랜드를 런칭하거나, 후속 세대를 위한 교육 활동과 집필 프로젝트로 영향력을 넓히는 것이다. 장기 목표는 단순히 더 많은 성과를 쌓는 것이 아니라, 나의 브랜드를 하나의 유산(legacy)으로 자리매김하게 만드는 과정이다.

3) 목표 설정이 퍼스널브랜드를 성장시키는 방식

많은 사람들이 막연하게 "취업에 성공해야지" 또는 "내 브랜드를 유명하게 만들고 싶다"는 생각을 한다. 하지만 실질적인 성과를 내는 사람들은 단순한 목표의 숫자나 명칭에 집착하지 않는다. 오히려 자신만의 WHY, 즉 '왜 그것을 하려 하는가'라는 근본적 이유를 먼저 정의하고, 그 후 SMART 원칙에 따라 실천 가능한 목표를 설정한다. 이런 방식이 퍼스널브랜드를 견고하게 만들고, 성장의 엔진이 된다.

■ 창업가의 브랜드 성장 사례

온라인 쇼핑몰을 운영하는 한 대표는 처음에는 "팔로워를 많이 모아야겠다"며 숫자에 집중했다. 하지만 곧 WHY 없이 쌓은 팔로워가 브랜드 신뢰나 충성도에 도움이 되지 않는다는 사실을 깨달았다. 그는 브랜드의 WHY를 '고객 신뢰를 바탕으로 지속 가능한 관계를 만든다'로 재정의했다. 이후 '6개월 내 후기 영상 20개 제작', '재구매율 20% 증가' 등 SMART 목표를 세우고 실행했다. 브랜드는 팔로워가 아니라 신뢰와 충성도를 기반으로 성장했고, 매출 상승까지 이루었다. 퍼스널브랜드 역시 WHY라는 뿌리와 SMART라는 실행 계획이 합쳐져야 건강하게 성장할 수 있음을 보여준다.

■ WHY 없이 실패한 마케터의 사례

반면, 한 신입 마케터는 "3개월 안에 팔로워 1만 명 증가"라는 숫자 목표만 세웠다. WHY가 빠진 목표는 이벤트 남발, 팔로워 구매 등 본질적 가치와 연결되지 않은 방법에 치우쳤고, 결국 브랜드의 신뢰를 잃었다. 목표 설정의 WHY가 얼마나 중요한지, 그리고 퍼스널브랜드의 성장에 있어서 WHY와 SMART 원칙이 반드시 필요함을 일깨운다.

이와 같이, WHY와 SMART가 결합된 목표 설정은 퍼스널브랜드의 핵심 성장 동력임을 실제 성공 및 실패 사례를 통해 확인할 수 있다. 작은 목표라도 WHY와 함께 세분화하여 실행한다면, 단순 숫자를 넘어 자기만의 특별한 브랜드로 거듭날 수 있다

목표는 단순한 계획표가 아니다. WHY라는 뿌리와 SMART라는 실행 구조가 결합될 때, 그것은 브랜드를 키우는 강력한 성장 엔진이 된다.

파울로 코엘료는 "무엇을 이루고 싶은지 확신할 때, 세상은 길을 열어줄 것이다."라고 하였다

목표는 단순히 달성해야 할 과제가 아니라, 매일 나를 움직이게 하는 내면의 원동력이다. 지금 이 순간, 아래 질문을 통해 당신만의 분명한 목표를 그려보자.

■ 나의 목표 점검하기

질문	나의 답변
1. 내가 이루고 싶은 최종 목표는 무엇인가?	
2. 이 목표를 통해 세상에 어떤 가치를 전달할 것인가?	
3. 목표를 달성하기 위해 내가 매일 할 수 있는 작은 행동은 무엇인가?	
4. 나는 이 목표를 언제까지 이루고 싶은가?	

◎ 실천 Tip:

■ 작게 시작하기 : 거창한 계획보다 오늘 할 수 있는 '한 걸음'을 정해라.

■ 기록하기 : 다이어리, 노트, 메모 앱에 매일 점검하라.

■ 공유하기 : 가까운 동료나 친구와 목표를 나누면 지속 가능성이 높아진다.

♣ **실습 박스** : 나만의 목표 설정하기

STEP 1. 나의 WHY 찾기

질문	나의 답변
나는 왜 이 일을 시작했는가?	
내가 사람들에게 주고 싶은 도움은 무엇인가?	
내 삶의 가장 중요한 가치는 무엇인가?	

STEP 2. SMART 목표 설정

구성	설명
Specific (구체적인가?)	
Measurable (측정 가능한가?)	
Achievable (실현 가능한가?)	
Relevant (가치와 연결되는가?)	
Time-bound (기한은 언제인가?)	

STEP 3. 단기·중기·장기 목표 나누기

구분	기간	나의 목표	실행 방법
단기 목표	1~6개월		
중기 목표	6개월~3년		
장기 목표	3년 이상		

STEP 4. 나만의 브랜드 목표 선언문

지금까지 정리한 내용을 한 문장으로 요약해 보세요.

■ 예시 :

"나는 6개월 안에 내 이름으로 된 블로그를 만들어, 매주 1편의 글을 발행하고, 사람들에게 '데이터로 문제를 쉽게 풀어주는 전문가'로 기억되고 싶다."

나의 브랜드 목표 선언문

3.2 핵심 메시지 개발하기
- 당신은 세상에 무엇을 말하고 싶은가?

퍼스널 브랜드를 구축하는 과정에서 반드시 던져야 할 질문이 있다.

"나는 이 세상에 어떤 메시지를 남기고 싶은가?" 이 질문은 단순히 "나는 무슨 일을 잘하는 사람인가?"를 묻는 게 아니다. 오히려 훨씬 근본적인 차원에서, 내가 어떤 가치를 전달하고 싶은 사람인지, 내가 속한 사회와 사람들에게 어떤 태도로 연결되고 싶은 존재인지를 점검하게 만든다.

핵심 메시지는 퍼스널 브랜드의 중심점이다. 메시지가 명확할수록 사람들은 나를 기억하고, 신뢰하고, 다른 이들에게 전하게 된다. 동시에 이 메시지는 나 자신에게도 흔들리지 않는 나침반이 된다.

1) 핵심 메시지란 무엇인가?

핵심 메시지는 단순한 자기소개 문장이 아니다. 그것은 곧 "나는 어떤 의미를 만드는 사람이다"를 보여주는 한 줄이다.

스티브 잡스는 "집중이란 수많은 좋은 아이디어에 '아니오'라고 말하는 것"이라고 했다. 모든 기회를 붙잡으려 하면 정작 중요한 것에 쓸 에너지가 남지 않는다.

퍼스널 브랜드도 이와 같다. 내가 세상에 꼭 전달하고 싶은 단 하나의 메시지를 명확히 정하는 순간, 나머지 수많은 활동과 제안에 대해 '선택의 기준'을 가질 수 있게 된다.

예를 들어 "저는 요리사입니다"라는 말은 쉽게 잊힌다. 하지만 이렇게 말하면 어떨까?

"저는 지역 농산물을 활용해 건강한 식탁 문화를 디자인하는 요리사입니다."

짧지만 강력하다. 이 한 문장 안에는 가치관, 일하는 방식, 지향하는 방향이 담겨 있다. 이처럼 **핵심 메시지는 직업명이 아니라 철학과 태도, 방향성을 담은 언어**여야 한다.

2) 핵심 메시지가 중요한 이유

퍼스널 브랜드의 메시지는 단순한 문구가 아니라, 나를 정의하는 정체성의 닻이다.

혼란스러운 시기에도 "나는 어떤 사람인가?"라는 질문에 답할 수 있게 해주는 기준이 되며, 방향을 잃지 않도록 붙잡아준다.

또한 명확한 메시지는 입소문의 힘을 만든다. 내가 굳이 나를 설명하지 않아도, 사람들은 나를 대신 소개해준다.

"그 사람? 따뜻하게 사람 이야기를 풀어내는 코치야"라는 식의 한 문장이 나의 브랜드를 대신 말해주는 것이다.

그리고 메시지는 모든 활동의 콘텐츠 축이 된다. 글, 강의, SNS 등 내가 발신하는 모든 채널에서 일관된 인상을 만들어주며, 결국 브랜드 콘텐츠란 같은 메시지를 다양한 언어와 형식으로 반복해 풀어내는 과정이다.

정리하자면, 메시지는 정체성의 닻 → 입소문의 힘 → 콘텐츠의 축이라는 세 가지 역할을 하며, 브랜드의 중심을 단단히 세워준다.

> ◆ 나의 메시지 만들기
>
> 다음 문장을 완성해 보자.
> "나는 ____한 방식으로 세상에 ____을 전하는 사람입니다."
>
> ■ 예시 :
> "나는 낯선 질문을 던짐으로써, 팀이 더 깊은 대화를 시작하도록 돕는 사람입니다."
> "나는 일상 속 불편함을 기록하고, 그것을 제품 아이디어로 전환하는 발명가입니다."

2) 핵심 메시지를 개발하는 3단계 (2W1H)
 - 퍼스널 브랜드의 중심축을 세우는 질문

퍼스널 브랜드의 설계는 멋진 슬로건에서 시작되지 않는다. 화려한 단어가 아니라, 본질적인 질문에 진지하게 답하는 것에서 출발한다.
그 질문은 단 세 가지다.

> ◎ WHY — 나는 왜 이 일을 하는가?
> ◎ WHAT — 나는 무엇을 전하고 싶은가?
> ◎ HOW — 나는 그것을 어떻게 전달할 것인가?

이 세 가지 질문(2W1H)에 차례대로 답하는 순간, 퍼스널 브랜드는 단순한 직업 설명을 넘어, 나를 대변하는 하나의 언어로 정리되기 시작한다.

① 나의 WHY를 파악하라

모든 메시지는 '왜'에서 출발한다. 내가 지금 이 일을 선택한 이유는 무엇인가? 무엇을 중요하게 여기며 살아가고 있는가? 사람들과 연결되기를 원하는 감정적 메시지는 무엇인가?

이 질문에 답하지 못한다면, 그 어떤 메시지도 진심을 담기 어렵다.

> ■ 질문하기
> ◎ 왜 이 일을 하기로 결정했는가?
> ◎ 어떤 순간에 "내가 이 일을 잘하고 있구나"라고 느끼는가?
> ◎ 사람들에게 가장 해주고 싶은 말 한 마디는 무엇인가?

사례 1 | "나는 해답을 주는 컨설턴트가 아니라, 함께 방향을 찾는 경영 파트너다"

경영지도사 박OO은 한 제조업 대표를 컨설팅하면서 중요한 깨달음을 얻었다. 그는 처음엔 생산성 향상과 원가 절감을 위한 진단 의뢰를 받았다. 하지만 첫 미팅에서 대표가 꺼낸 말은 의외였다.

"요즘 직원들이 자꾸 그만두고 싶다는 말을 해요. 매출보다 사람이 더 걱정입니다."

그 순간 박지도사는 단순히 경영 지표를 개선하는 것이 답이 아님을 직감했다. 그는 데이터 분석보다 '대표의 이야기'를 먼저 들었다. 그리고 조직 문제의 핵심이 '성과 부진'이 아니라 '소통 단절'에 있음을 함께 찾아냈다.

박지도사는 정답을 제시하기보다 대표가 스스로 해답을 발견할 수 있도록 질문을 던졌다.

"대표님은 직원들이 어떤 상황일 때 가장 의욕적으로 움직인다고 느끼시나요?"

그 대화 끝에, 회사는 매출 목표 대신 '소통 중심 경영'을 새롭게 설정했고, 결과적으로 팀 분위기와 성과 모두 개선되었다.

그의 WHY는 분명했다.

"나는 문제를 진단하는 컨설턴트가 아니라, 함께 해결의 길을 설계하는 경영 파트너다."

그래서 그의 브랜드는 단순한 '전문가형 컨설턴트'가 아니라, 기업의 현실과 마음을 함께 이해하고 나아가는 '진정성 있는 동행자'로 자리 잡았다.

이 사례는 경영지도사가 단순한 자문가를 넘어 '공감과 파트너십'으로 신뢰를 쌓는 과정이다. AI가 데이터를 분석할 수는 있어도, 사람의 마음을 읽고 방향을 함께 설계하는 일은 인간만이 할 수 있는 브랜딩이다.

사례 2 | "나는 성인의 말 속에 숨은 진짜 감정을 듣는 사람이다"
전직 교사 출신 코치 이OO은 아이들을 가르칠 때도 성과보다 감정을 먼저 읽고 싶었다. 지금은 성인이 된 이들의 말 속에 숨어 있는 욕구와 감정을 발견해주는 사람으로 브랜드를 확장하고 있다.

그녀의 WHY는 단순히 "코칭을 잘한다"가 아니라, "사람들이 자기 마음을 스스로 이해할 수 있도록 돕는 사람"이었다. 그래서 그녀의 코칭은 상담도, 조언도 아닌, '진짜 감정을 꺼내는 대화의 공간'으로 기억된다.

② 나의 WHAT을 정리하라
WHY가 분명해졌다면, 이제는 내가 세상에 제공할 수 있는 가치를 표현해야 한다. 여기서 중요한 건 "내가 잘하는 일"이 아니라, "사람들에게 어떤 의미 있는 결과를 줄 수 있는가"다.

■ 질문가이드
◎ 나는 어떤 문제를 해결하는 사람인가?
◎ 내 능력이 다른 사람의 삶에 어떤 변화를 일으키는가?
◎ 나를 통해 사람들이 얻는 가장 큰 가치는 무엇인가?

예를 들어 "나는 글을 잘 쓴다"는 기술적 설명은 약하다. 대신 "나는 복잡한 아이디어를 이해하기 쉽게 풀어내어, 사람들이 실행할 용기를 얻게 만든다"라고 말하면, 듣는 이는 즉시 브랜드 가치를 느낄 수 있다.

③ 나의 HOW를 구체화하라

마지막 단계는 "그 가치를 어떤 방식으로 전달할 것인가"이다. HOW는 브랜드의 실행 전략이며, 동시에 '내가 어떤 스타일로 세상과 연결되는가'를 보여준다.

나는 말로 전하는가, 글로 전하는가, 이미지와 영상으로 전하는가?
대중 강연, 소규모 코칭, SNS 콘텐츠 중 무엇이 나와 잘 맞는가?
내 목소리와 방식은 어떤 톤앤매너로 표현되고 있는가?

HOW는 곧 '브랜드의 채널'이자 '스타일'이다. 같은 메시지라도 글로 풀어내는 사람과 유튜브 영상으로 표현하는 사람은 전혀 다른 브랜드로 기억된다.

사례 1 | 여행 유튜버 빠니보틀 – "낯선 길 위에서 삶의 감각을 전한다"
250만명이 넘는 구독자를 보유한 빠니보틀(본명 박재한)은 직장을 그만두고 홀로 떠난 유라시아 여행을 영상으로 기록하면서 유튜브를 시작했다. 그의 닉네임은 인도 기차 안에서 들었던 상인의 외침 "빠니보틀(물병)"에서 따온 것이다.

① WHY : 그는 관광지를 보여주는 것이 아니라, "여행을 통해 삶의 감각을 회복하고 싶다"는 이유로 카메라를 들었다.
② WHAT : 유명한 명소보다 그곳에서 느낀 감정, 공기, 침묵 같은 순간을 공유한다.
③ HOW : 화려한 편집보다 현지인과의 대화, 길 위의 고독, 때로는 실수를 그대로 담아내는 브이로그 방식.

☞ 핵심 메시지 : "나는 낯선 길 위에서, 사람들에게 삶의 감각을 다시 깨우는 이야기를 전하는 사람입니다."

많은 여행 유튜버들중에서 빠니보틀의 브랜드는 단순히 여행 정보 제공자가 아니라, 사람들에게 '살아있음의 감각'을 선물하는 여행자로 확립되었다.

사례 2 | 스티브 잡스 - "단순함은 진정한 혁신의 시작이다"

스티브 잡스가 남긴 "우리는 단순함을 통해 사람들에게 혁신적인 경험을 제공합니다." 이 한 문장은 광고 문구가 아니라 애플의 철학이자 잡스의 브랜드 메시지였다. 기술을 어렵게 설명하지 않고, 누구나 쉽게 쓰도록 복잡함을 덜어내는 것에 집중했다. 그 철학은 제품 디자인, 마케팅, 프레젠테이션까지 모든 접점에 스며들었다.

잡스의 메시지는 간결했지만 결코 가볍지 않았다. 수많은 아이디어 속에서 본질만 남기겠다는 태도가 "애플다움"이라는 브랜드 정체성을 만들었다. 그 결과 애플은 단순한 IT 기업이 아니라 경험을 디자인하는 라이프스타일 브랜드로 자리 잡았다.

즉 잡스의 핵심 메시지는 "단순함은 진정한 혁신의 시작이다."이다.

핵심 메시지는 퍼스널 브랜드의 언어적 중심축이다. 불필요한 설명을 덜어내고, 진짜 중요한 한 줄을 찾는 순간, 당신의 브랜드는 명확해지고 흔들리지 않는다. 복잡하게 많은 말을 늘어놓을 필요 없다. 간결하지만 진심 어린 문장 한 줄이, 결국 세상이 당신을 기억하는 방식이 된다.

♣ 실습 박스 : 나의 2W1H 정리하기

STEP 1. WHY
◎ 나는 왜 이 일을 하는가?
◎ 내가 가장 중요하게 생각하는 가치는 무엇인가?

STEP 2. WHAT
◎ 내가 세상에 제공할 수 있는 가장 큰 가치는 무엇인가?
◎ 내 능력이 다른 사람에게 어떤 변화를 주고 있는가?

STEP 3. HOW
◎ 나는 어떤 방식으로 내 메시지를 전달하는가?
◎ 나의 브랜드 스타일은 어떤 톤과 채널로 표현되는가?

이 3단계 질문에 차례로 답하다 보면, "나는 어떤 사람인가"라는 정체성에서 출발해 "나는 어떤 의미를 전하는 사람인가"라는 메시지로 브랜드가 구체화된다.

♥ 핵심 메시지 실습
당신도 지금 다음 질문에 답해보자.
◎ 나는 왜 이 일을 하는가? (WHY)
◎ 나는 무엇을 세상에 주고 싶은가? (WHAT)
◎ 나는 어떻게 그것을 전달하는가? (HOW)

마지막으로 한 문장으로 정리해보자.
"나는 _____한 방식으로 세상에 _____을 전하는 사람입니다."

■ 예시 :

나는 실패 경험을 바탕으로, 창업자가 같은 실수를 막고 더 빠르게 실행하도록 돕는 사람입니다."
"나는 데이터를 해석해 빠른 의사결정을 돕는 분석가입니다."
"나는 질문을 통해, 사람들이 자기답게 살도록 돕는 코치입니다."

3.3 브랜드 아이덴티티 정의하기
- 내가 누구인지를 나만의 언어와 분위기로 표현하라

퍼스널 브랜드의 아이덴티티(Identity)는 단순히 "나는 누구입니다"라는 자기소개에 머물지 않는다. 그것은 내가 어떤 신념을 가지고 살아가는 사람인지, 세상과 어떤 방식으로 연결되고 싶은지, 그리고 그 철학을 어떤 분위기와 언어로 표현하는지까지 포함하는 종합적 구조물이다. 대기업이 로고와 슬로건, 조직문화로 정체성을 구축하듯, 개인도 자신의 브랜드를 지탱할 정체성을 설계해야 한다.

핵심 메시지가 나를 대표하는 한 줄 언어라면, 브랜드 아이덴티티는 그 한 줄을 살아 있게 만드는 삶의 태도와 철학이라 할 수 있다.

1) 가치관 – 나를 움직이는 내부의 기준

가치관은 브랜드의 방향을 결정하는 나침반이다. 내가 어떤 상황에서 분노하고, 어떤 말에 크게 감동하며, 무엇을 우선순위에 두는지가 바로 내 브랜드의 뿌리다.

예를 들어 누군가는 "정직"을, 또 다른 누군가는 "도전"이나 "효율성"을 가장 중요한 가치로 삼는다. 이 선택은 단순히 마음속의 신념에 머무르지 않고, 결국 브랜드 메시지와 행동 전반에 스며든다.

김미경 강사(김미경TV)는 늘 "실행력"과 "성장"을 강조한다. 그녀는 강의에서뿐 아니라 유튜브 콘텐츠, 책, 그리고 개인적 대화에서도 일관되게 "실패보다 멈춤이 더 두렵다"는 태도를 드러낸다. 바로 이 반복된 가치관이 그녀를 "도전과 성장의 상징"으로 각인시켰다.

> ■ 질문하기
> ◎ 나는 어떤 상황에서 반드시 지켜야 한다고 느끼는 가치는 무엇인가?
> ◎ 내 콘텐츠와 말, 행동에 그 가치가 일관되게 드러나고 있는가?

2) 철학 - 내가 믿고 견디는 선언문

가치관이 여러 개의 별이라면, 철학은 그 별들을 이어주는 별자리다. 브랜드 철학은 흔들림 속에서도 나를 붙잡아주는 한 문장의 선언이다.

가수 임영웅은 "노래로 위로하고, 진심으로 기억되기"라는 철학을 중심에 두고 있다. 그는 무대 위에서 겸손하고 따뜻한 태도로 노래를 전하며, 무대 밖에서도 팬들을 향한 배려를 잊지 않는다. 그래서 그의 모든 활동은 "진심이 담긴 위로"라는 한 줄 철학으로 귀결된다.

> ■ 질문하기
> ◎ 나는 세상에 어떤 기여를 하고 싶은가?
> ◎ 사람들과 어떤 방식으로 연결되고 싶은가?
> ◎ 내가 어떤 사람으로 기억되길 원하는가?

철학은 길 필요가 없다. 오히려 짧고 명확할수록 흔들리지 않는다. 예컨대 "진심이 닿는 노래로, 누군가의 하루를 위로하는 사람" 같은 한 문장은 그 사람의 아이덴티티 전체를 설명한다.

3) 태도 - 브랜드를 비추는 일상의 자세
아무리 멋진 철학이 있어도, 그것이 태도로 드러나지 않으면 브랜드는 공허하다. 꾸준함, 책임감, 유연성, 낙천성 같은 태도는 내가 사람들과 어떻게 관계를 맺는지를 보여주는 결정적 단서다.

사례 | 김OO 시니어 - "봉사는 평생의 습관이다."
김OO 씨는 젊은 시절부터 꾸준히 봉사 활동을 이어왔다. 직장 생활을 하면서도 주말마다 지역 복지관을 찾아 어르신들을 돕고, 은퇴 이후에는 청소년 멘토링과 지역 사회 나눔 활동을 계속해오고 있다. 그는 특별히 자신을 드러내지 않았지만, 주변 사람들은 그를 두고 "조용히, 그러나 꾸준히 나누는 사람"이라고 말한다. 이처럼 선한 태도의 일관성이야말로 김OO 씨의 퍼스널 브랜드를 가장 강력하게 지탱하는 힘이 되고 있다.

■ 질문하기
◎ 나는 새로운 상황이나 위기 앞에서 어떤 태도로 반응하는가?
◎ 나를 아는 사람들이 내 태도를 신뢰한다고 느낄까?

4) 메시지를 행동으로 보여줄 때

핵심 메시지는 말로만 존재하면 쉽게 사라진다. 하지만 가치관, 철학, 태도가 일관되게 드러나는 순간, 그 메시지는 살아 있는 정체성이 된다.

스티브 잡스가 "단순함"이라는 메시지를 제품, 키노트, 디자인 전반에 녹여냈듯이, 나 역시 내 삶의 언어와 행동에 철학을 묻혀야 한다.

퍼스널 브랜드 아이덴티티는 가치관(내부 기준) → 철학(한 문장 선언) → 태도(행동으로 드러나는 언어)라는 세 축으로 완성된다. 이 세 가지가 일관되게 연결될 때, 나는 단순히 설명되는 사람이 아니라, 살아 있는 메시지로 기억되는 사람이 된다.

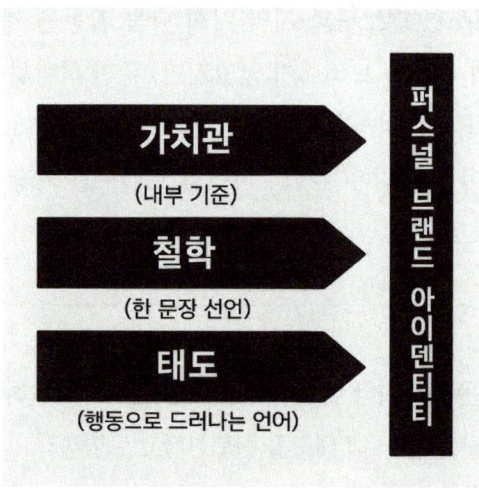

♣ 실습 박스

퍼스널 브랜드 아이덴티티 체크리스트

1. 나의 가치관 점검
☐ 나는 어떤 기준으로 움직이고, 무엇을 가장 소중히 여기는가?
☐ 나는 어떤 상황에서 가장 화가 나는가? (내가 지키고 싶은 가치가 무엇인가를 알려준다)
☐ 내가 크게 감동을 받는 순간은 언제인가? (내 가치를 긍정적으로 드러낸다)
☐ 일을 할 때 내가 가장 먼저 고려하는 것은 무엇인가? (정직, 효율, 즐거움 등)
☐ 사람들이 나를 떠올릴 때 "이 사람은 ○○하다"라고 말하길 바라는 단어는 무엇인가?
☐ 내 콘텐츠(글·말·행동)에 이 가치가 일관되게 반영되고 있는가?

2. 나의 철학 정의하기
내가 믿고 견디는 한 문장의 선언문 만들기
☐ 나는 세상에 어떤 기여를 하고 싶은가
☐ 사람들과 어떤 방식으로 연결되고 싶은가?
☐ 내가 어떤 사람으로 기억되길 원하는가?
☐ 지금까지 살아오면서 반복해서 선택해온 기준은 무엇인가?
☐ 위 질문들의 답을 종합해 **나의 철학 한 문장**으로 표현해보자:

→ "_____"

3. 나의 태도 돌아보기

내 브랜드는 결국 일상의 태도로 드러난다

☐ 새로운 상황이나 위기 앞에서 나는 보통 어떤 태도를 취하는가?

☐ 사람들과의 갈등 상황에서 나는 어떻게 반응하는가?

☐ 실패나 실수 이후 나는 어떻게 회복하는가?

☐ 주변 사람들이 나의 태도를 신뢰한다고 느낀 적이 있는가?

☐ 나의 태도 중 가장 칭찬받은 적이 많은 것은 무엇인가?

4. 나만의 아이덴티티 점검표

최종적으로 나를 정리하는 세 가지 키워드를 적어보자

나의 핵심 가치관 : _____

나의 철학 한 문장 : _____

나를 보여주는 대표 태도 : _____

◆ 활용 팁

이 체크리스트는 단순히 기록하는 데서 끝나지 않는다. 주기적으로(예: 분기별, 연말) 다시 작성하면서, 나의 가치관·철학·태도가 얼마나 일관되게 이어지고 있는지 확인하는 것이 중요하다.

3.4 브랜드 구조 설계 – 콘텐츠의 흐름으로 전략 짜기

브랜드는 선언이 아니라 **축적되는 콘텐츠**를 통해 완성된다. 사람들이 기억하는 것은 단편적인 게시물 하나가 아니라, 시간이 쌓이며 드러나는 **패턴과 구조**다. 따라서 퍼스널 브랜딩을 제대로 하려면 자신의 콘텐츠를 체계적으로 분류하고, 흐름을 설계하는 과정이 반드시 필요하다.

1) 카테고리 구조 : 브랜드 세계관의 골격

콘텐츠를 아무렇게나 쌓으면 기록은 남겠지만, 브랜드는 형성되지 않는다. 패턴을 찾아내고, 주제별로 카테고리화할 때 비로소 자신만의 **세계관**이 만들어진다.

■ 예시를 보자
① 취업 코치 : 이력서 꿀팁 / 면접 전략 / 커리어 관리 / HR트렌드
② 창작 작가 : 창작 일기 / 감정 에세이 / 출판 준비 / 작가 Q&A
③ 마케팅 전문가 : 콘텐츠 기획 / 광고 사례 / 트렌드 분석 / 브랜딩 전략

이처럼 명확하게 분류해두면, 독자는 "이 브랜드는 이런 콘텐츠를 꾸준히 주는 사람"이라고 기억하게 된다.

2) 메인 콘텐츠와 서브 콘텐츠 구분하기

모든 콘텐츠가 같은 무게를 가질 필요는 없다.
① 메인 콘텐츠 : 브랜드의 전문성과 정체성을 드러내는 핵심 (예 심리학 기반 대화법)
② 서브 콘텐츠 : 사람들과 공감을 나누는 가벼운 이야기 (예 영화 속 사례, 일상 에피소드)

메인은 나를 전문가로 만들고, 서브는 나를 친근하게 만든다. 두 축이 함께 굴러갈 때 브랜드는 단단하면서도 따뜻해진다.

3) 콘텐츠 포맷

콘텐츠 포맷은 '내가 어떤 주제로, 어떤 방식으로 꾸준히 보여줄지 정해둔 틀'이라고 이해하면 된다. 포맷이 있으면 제작할 때 고민이 줄고, 보는 사람도 "아, 이 계정은 이런 스타일의 콘텐츠를 주는구나" 하고 기대할 수 있다. 즉 포맷을 정해두면 운영이 쉬워지고, 독자의 기대감도 생긴다.

예를 들면
① 월요일 : 한 줄 인사이트 (텍스트 이미지)
② 수요일 : 업계 뉴스 5줄 브리핑
③ 금요일 : 브랜딩 칼럼 (에세이형, 1000자)

마치 방송 코너처럼, 독자는 "오늘은 이 콘텐츠가 올라올 날이네"라는 기대감을 갖게 된다.

4) 구조를 시각화하기

전략은 머릿속에만 있으면 실행하기 어렵다. 간단한 도식으로 정리하면, 방향이 눈에 보인다.

■ 예시 :
① [브랜드 목표] → 신뢰받는 취업 코치
② [카테고리] → 이력서 전략 / 면접 대응법 / 커리어 관리 /HR 트렌드
③ [포맷 & 요일] → 사례 중심 카드뉴스(화) / 짧은 후기 에세이(목) / 전략 브리핑(토)

이렇게 구조를 잡아두면 즉흥이 아니라 **일관된 브랜드 운영**이 가능해진다.

퍼스널 브랜드는 곧 하나의 **미디어 채널**이다. 미디어 채널이 되려면 기획이 필요하다. 내가 앞으로 무엇을, 어떤 방식으로, 어떤 주기로 보여줄 것인지를 구조화하는 순간, 브랜드는 단순한 개인 표현을 넘어 **전략적 자산**이 된다.

3.5 브랜드 이름 짓기(이름, 닉네임, 슬로건)

브랜드는 말 한마디로 사람의 머릿속에 들어가는 기술이다

사람은 이름을 기억할 때 단순히 글자만 떠올리지 않는다. 이름 속에 담긴 스토리와 느낌까지 함께 기억한다. 퍼스널 브랜드도 마찬가

지다. 이름, 닉네임, 슬로건은 단순히 겉모습을 치장하는 도구가 아니라, 브랜드의 얼굴이자 세상과 연결되는 첫 번째 문장이다. 단어 하나, 어투 하나가 곧 브랜드 세계관을 응축하는 상징이 된다.

이 작업은 '센스'의 영역이 아니다. 오히려 나의 가치관과 정체성을 가장 압축된 언어로 드러내는 전략적 설계다. 이름 짓기와 슬로건은 곧 "내가 어떤 세계를 만들고 싶은가"를 드러내는 선언문이 된다.

1) 이름 – 기억성과 맥락을 함께 잡아라

브랜드 이름은 꼭 실명이어야 할 필요는 없다. 활동 목적이나 채널 특성에 따라 별칭, 직무 기반 키워드, 캐릭터화된 명칭이 더 효과적일 수 있다.

예를 들어 경제 콘텐츠 유튜버 '신사임당'은 이름 하나만으로도 '현명하고 실용적인 사람'이라는 이미지를 불러낸다. 반면 김미경 강사는 자신의 실명을 그대로 사용해 "김미경 = 실행과 성장의 멘토"라는 이미지를 구축했다. 어떤 방식이든 중요한 건, 이름이 **쉽게 기억되고 곧바로 맥락을 전달하는가**이다.

■ 이름 점검 질문
◎ 한 번 들었을 때 기억되는가?
◎ 발음과 검색이 쉬운가?
◎ 내 브랜드 톤과 성격이 반영되어 있는가?
◎ 다른 이름들과 구별될 수 있는가?

이름은 뇌에 박히는 리듬이 있어야 하고, 동시에 나의 콘텐츠와 메시지와 자연스럽게 연결되는 언어적 상징이어야 한다.

2) 닉네임 – 친근함과 거리감을 동시에 설계하라

닉네임은 브랜드의 첫인상이다. 본명보다 캐주얼하게 다가오면서도, 콘텐츠의 성격을 직관적으로 보여주는 힘이 있다. 그래서 많은 사람들이 온라인이나 전문 활동에서 닉네임을 활용한다.

하지만 주의해야 할 점이 있다. 반드시 긍정적이고 발전적인 단어를 선택해야 한다는 것이다. 가요계에서는 "곡 제목이 불행하면 가수의 이미지도 그 방향으로 굳어진다"는 말이 있다. 마찬가지로, 부정적이거나 조롱 섞인 닉네임은 장기적으로 브랜드의 신뢰도를 해칠 수 있다. 사람은 자신이 반복해서 쓰는 단어에 영향을 받고, 그 단어는 결국 브랜드를 규정하기 때문이다.

실제로 경영지도사로 활동하는 한 지인이 있다. 그는 탁월한 전문성과 실력을 갖춘 컨설턴트임에도 불구하고, 닉네임 때문에 아쉬운 경험을 하고 있다. 부모님이 남대문에서 가죽 전문 유통업을 하셨기에, 그는 경영지도사 초기 시절 자연스럽게 소상공인을 주로 컨설팅하게 되었고, 이 과정에서 닉네임이 "남대문 벨트쟁이"로 굳어졌다.

처음에는 친근하고 기억하기 쉬운 이름이라 특별히 바꾸지 않고 사용했지만, 시간이 지나면서 문제가 드러났다. 닉네임이 그를 '소상공인 전문 컨설턴트'로만 인식하게 만들면서, 실제로는 충분한 역량을 갖추었음에도 불구하고 '중견·중소기업 전략 컨설턴트'로서의 기회가 줄어든 것이다. 결국 그의 브랜드는 의도와 다르게 협소하게 포지셔닝되었고, 이를 극복하기 위해 많은 시간과 노력이 필요했다. 다행히 꾸준한 전문성 입증과 성과를 통해 지금은 중소기업을 대상으로 한 전략 컨설턴트로 자리매김했지만, 초기 닉네임이 남긴 인식을 바꾸는 과정은 쉽지 않았다.

이 사례는 닉네임이 단순한 별명이 아니라, 장기적으로 브랜드의 방향과 기회를 결정짓는 중요한 요소임을 보여준다. 따라서 자신의 브랜드를 대표하는 이름이나 닉네임을 선택할 때는 '친근함'뿐만 아니라 '전문성'과 '확장성'까지 고려해야 한다.

닉네임을 부르는 순간, 상대는 이미 그 사람의 성격과 분위기를 짐작한다. 그러니 '내 닉네임이 주는 첫인상'이 곧 '내가 사람들에게 남기고 싶은 이미지'인지 점검해야 한다.

3) 슬로건 – 철학을 담은 한 줄의 문장

슬로건은 브랜드의 철학과 가치를 가장 간결하게 표현하는 문장이다. 이 한 줄은 단순한 설명이 아니라, 사람들을 **브랜드 세계로 초대하는 문패**역할을 한다.

■ 예시 :
"기록하는 당신을 위한 심플한 글쓰기 레시피"

"소심한 사람도 당당해지는 말하기 코칭"
"중소기업의 애로사항을 해결하는 비지니스 닥터"

좋은 슬로건은 설명을 넘어, **공감을 불러일으키는 문장**이다. 말투 속에 진정성이 담겨 있을 때, 그 문장은 사람들의 마음속에 오래 남는다.

지금까지 살펴본바와 같이 이름, 닉네임, 슬로건은 단순히 브랜드의 겉모습이 아니다. 그것은 내가 어떤 사람이고, 어떤 세상을 만들고 싶은지를 드러내는 **언어적 조형물**이다.

브랜드는 말로 태어나고, 말로 기억된다. 지금 당신이 선택하는 단어 하나가 앞으로 수년간 당신을 설명하는 첫인사가 될 수 있다.

♣ **실습 박스** : 나의 이름·닉네임·슬로건 만들기

① 나의 핵심 키워드 5개를 뽑는다. (예 따뜻함, 실용, 글쓰기, 소통, 변화)
② 키워드를 조합하거나 변형한다. (예 '따스한 전략가')
③ 내가 자주 쓰는 표현이나 콘텐츠 속 반복 문장을 찾아본다. (슬로건의 단서가 된다)
④ AI(예 ChatGPT)나 동료에게 피드백을 받아 다듬는다.

STEP 1. 나의 핵심 키워드 5개 정리하기

내가 중요하게 생각하는 가치, 성격, 전문 분야를 키워드로 뽑아보자.

■ 예시 : 따뜻함 / 실용 / 글쓰기 / 소통 / 변화

나의 키워드 5개 :

1. _____
2. _____
3. _____
4. _____

STEP 2. 닉네임 후보 작성하기

위에서 뽑은 키워드를 조합하거나 변형해 닉네임을 만든다.

■ 예시 : 따스한 전략가 / 지식카페지기 / 말하는 디자이너

닉네임 후보:

1. _____
2. _____
3. _____

STEP 3. 슬로건 한 줄 완성하기

WHY-WHAT-HOW를 참고해 한 줄 슬로건을 적어본다.
"나는 _____한 방식으로 세상에 _____을 전하는 사람입니다."

■ 예시 : "나는 일상의 작은 불편을 기록해, 삶을 더 편리하게 만드는 아이디어를 전하는 디자이너입니다."

나의 슬로건 : _____

STEP 4. 점검 체크리스트

한 번 들으면 기억되는가?
검색·발음이 쉬운가?
긍정적이고 신뢰감을 주는 단어인가?
내 가치관과 연결되는가?

3.6 브랜드 메시지 평가 체크리스트

당신의 브랜드 메시지는 "그럴듯한 말"이 아니라 "마음에 남는 말"이어야 한다

퍼스널 브랜딩에서 가장 흔히 하는 실수는, 듣기에는 멋지지만 시간이 지나면 기억나지 않는 메시지를 던지는 것이다. 메시지는 반드시 짧고, 명확하며, 감정을 자극해야 한다. 이 체크리스트를 통해 당신의 문장이 진짜 브랜드 메시지로 작동할 수 있는지 점검해보자.

◆ 핵심 기준별 자기 점검 리스트

항목	체크 질문	체크
① 명확성	이 메시지를 들은 사람이 5초 안에 "무엇을 하는 사람인지" 이해할 수 있는가?	☐
② 타깃 명료도	내 메시지는 누구를 위한 것인지 분명히 드러나는가	☐
③ 차별성	비슷한 분야 사람들과 다른 점이 한눈에 보이는가	☐
④ 공감성	타인이 듣고 "나도 그 가치를 원한다"라고 느낄 수 있는가?	☐
⑤ 신뢰감	나의 실제 경험·전문성·가치관이 녹아 있는가	☐
⑥ 기억성	짧지만 강하게 각인될 수 있는가?	☐
⑦ 반복성	사람들이 기억하고 퍼뜨리기 쉬운 구조와 표현을 갖고 있는가	☐
⑧ 일관성	SNS·글·강의 어디서나 동일한 메시지가 느껴지는가	☐

점검 결과 해석

- 7~8개 체크 : 훌륭하다. 메시지가 정제되어 있어 외부에 곧바로 활용 가능하다.
- 5~6개 체크 : 방향은 맞지만, 구체성·감정 연결을 강화할 필요가 있다.
- 4개 이하 체크 : 메시지의 뼈대를 다시 세워야 한다. 핵심 키워드부터 재정의하라.

◆ 활용 팁

주변 사람에게 이렇게 물어보라:
"이 문장을 듣고 내가 어떤 사람 같아 보여?"
→ 가장 현실적인 피드백이 된다.

제4장 포지셔닝하기

> **핵심 인사이트**
> - 포지셔닝의 의미와 중요성을 이해할 수 있다.
> - 타인의 인식과 나의 타깃 페르소나를 구분할 수 있다.
> - 포지셔닝 맵을 활용해 나의 현재 좌표와 목표 좌표를 시각화할 수 있다.
> - 한 줄 소개와 자기표현 키워드를 통해 나를 효과적으로 설명할 수 있다.

4.1 퍼스널 브랜드에서 포지셔닝이란 무엇인가?

1) 마케팅에서의 포지셔닝

포지셔닝(Positioning)은 원래 **마케팅 전략의 핵심 개념**에서 출발한다. 단순히 제품의 기능이나 가격을 설명하는 것이 아니라, 소비자의 머릿속에 어떤 '좌표'로 자리 잡을 것인가를 설계하는 작업이다.

예를 들어 모두 커피를 판매하지만, 소비자의 인식 속 포지셔닝은 다음과 같이 다르다:

> ◆ 스타벅스 : "일상 속 프리미엄, 감성적 여유"
> ◆ 맥도날드 커피 : "실용적인 가격과 빠르고, 편리함"
> ◆ 이디야커피 : "합리적인 가격, 익숙하고 안정적인 공간"
> ◆ 빽다방 : "양 많고 달달하게, 가격 부담 없는 국민 커피"

같은 커피라도 소비자가 떠올리는 이미지·감정·사용 맥락은 전혀 다르다. 결국 포지셔닝이란, 사람들이 특정 브랜드를 어떤 방식으로 기억하고 기대할 것인지 설계하는 장치다.

2) 퍼스널 브랜딩으로 확장하기

마케팅에서 출발한 포지셔닝 개념은 이제 기업을 넘어 개인에게도 중요한 주제가 되었다. 과거에는 직장과 직함이 곧 개인의 브랜드였다. "○○ 회사 과장", "△△ 기관 연구원"처럼 소속이 곧 정체성을 대변했다. 그러나 디지털 시대, 특히 AI가 보편화되는 지금은 더 이상 직함만으로는 나를 설명할 수 없다. 사람들이 기억하는 것은 소속이 아니라 '나라는 사람의 고유한 이미지'다.

"예를 들어, 똑같이 '경영지도사'라는 라이선스를 갖고 있지만, 어떤 이는 "브랜딩과 마케팅 전략을 전문으로 하는 경영지도사"로 자리 잡고, 또 다른 이는 "재무 구조 개선을 통해 기업의 체력을 올려주는 경영분석 전문가"로 기억된다. 똑같이 '강사'라는 직업을 가졌더라도, 어떤 이는 "따뜻한 공감으로 마음을 열어주는 강사"로, 또 다른 이는 "리더십교육을 통한 자존감 향상 강사"로 자리매김한다. 직함은 같지만, 사람들이 떠올리는 이미지는 전혀 다른 것이다.

퍼스널 브랜딩에서의 포지셔닝은 바로 이 지점을 다룬다. "나는 어떤 사람으로 기억되길 원하는가?", "내가 속한 시장과 관계망 안에서 어떤 좌표에 서고 싶은가?"라는 질문에 답하는 것이다. 이 과정은 단순히 자기 PR이 아니라, 내가 가진 전문성과 성향, 그리고 내가 전하고 싶은 가치를 한 줄의 이미지로 정리하는 전략적 작업이다.

오늘날 SNS와 유튜브, 블로그, 그리고 AI 기반 플랫폼 덕분에 누구나 자신을 브랜드화할 수 있는 시대가 되었다. 중요한 것은 어떤 방식으로 나를 보여주고, 어떻게 일관된 이미지를 각인시킬 것인가이다. 포지셔닝을 통해 나 자신을 명확히 정의할 수 있다면, 직함이 없어도 사람들은 당신을 기억한다. "기업의 재무진단을 쉽게 설명해주는 사람", "언제나 따뜻하게 들어주는 코치", "트렌드를 읽어내는 전문가"처럼 말이다.

퍼스널 브랜딩으로 확장된 포지셔닝은 결국 내가 시장에서 어떤 고유한 자리를 차지할 것인가를 설계하는 일이다. 이것이 바로 '나만의 브랜드'를 만드는 출발점이며, AI 시대에도 결코 대체될 수 없는 인간적 차별성이 된다.

■ 질문 하기 : 나의 포지셔닝 점검하기
◎ 내 이름을 들었을 때 사람들이 가장 먼저 떠올리는 단어는 무엇일까?
◎ 지금 내가 원하는 이미지와 사람들이 실제로 떠올리는 이미지는 일치하는가?
◎ 만약 누군가가 나를 한 문장으로 소개한다면, 어떤 표현을 쓰게 될까?
◎ 내가 바라는 포지셔닝 문장은 무엇인가?

이 질문들을 채워 넣는 것만으로도, 독자는 현재의 나와 브랜드로 설계하고 싶은 나 사이의 간격을 구체적으로 확인할 수 있다.

♣ 실습 박스

AI 실습 프롬프트 : 나의 직함을 넘는 포지셔닝 찾기

Step 1. 현재 나의 직함 쓰기
지금 사람들이 나를 어떻게 부르는가? (예 ○○ 회사 대리, △△ 연구원, ○○ 강사)

나의 직함 : _____

Step 2. 직함만으로는 설명되지 않는 나의 강점 찾기
사람들이 직함이 아니라 '나'를 떠올릴 때 어떤 이미지를 가지길 원하는가?

◎ 내가 잘하는 전문 영역 : _____

◎ 사람들이 칭찬하는 나의 장점 : _____

◎ 내가 세상에 전하고 싶은 가치 : _____

Step 3. '직함 + 나만의 차별성' 문장 만들기
직함에 나의 고유한 이미지를 더해본다.

■ 예시:

단순히 "마케팅 팀장"이 아니라 → "데이터로 고객 행동을 읽어내는 마케팅 전략가"

단순히 "변호사"가 아니라 → "스타트업 창업자의 언어를 이해하는 파트너 변호사"

나의 포지셔닝 문장 :
_____

Step 4. 타인의 시선 점검하기

주변 사람들에게 이렇게 물어보자.
"내가 어떤 이미지로 기억되길 바라?"
"너는 내 이름을 들으면 어떤 단어가 떠올라?"

피드백 정리 : _____

이 과정을 거치면, 단순한 직함이 아니라 '직함을 넘어선 나만의 브랜드'를 설계할 수 있다.

3) 지금 포지셔닝이 중요한 이유

디지털과 AI가 주도하는 오늘날의 환경에서, 포지셔닝은 선택이 아니라 생존 전략이다.

과거에는 긴 설명이나 화려한 경력이 사람의 가치를 대신해주었다. 하지만 지금은 한 사람을 기억하는 데 단 몇 초도 걸리지 않는다. 검색창에 이름을 입력하면, SNS 프로필 한 줄, 블로그 글 제목, 유튜브 영상의 톤으로 그 사람의 이미지는 곧바로 결정된다.

이제 "이 사람이 어떤 상황에서, 어떤 방식으로 나에게 도움이 될 수 있는가?"라는 답을 짧고 명확하게 주어야 한다. 기업이 시장에서 독자적 위치를 차지하듯, 개인 역시 관계와 기회의 장 속에서 자신만의 좌표를 세워야 한다.

예를 들어, 같은 '직장인'이라 해도 어떤 이는 "팀의 갈등을 조율하며 협업을 이끄는 문제 해결형 직장인"으로, 또 어떤 이는 "새로운 아이디어를 제안하고 실행하는 창의적 직장인"으로 기억된다. 타인의 머릿속에 각인되는 이미지는 단순히 직무명이나 역할이 아니라, 그 역량을 어떻게 포지셔닝했는가에 따라 달라진다.

포지셔닝은 화려한 자기소개가 아니다. 그것은 내가 스스로 정의한 언어이자, 타인의 기억 속에 내가 남고 싶은 방식이다. 결국 퍼스널 브랜딩에서 포지셔닝은 단순히 "나는 이런 일을 한다"가 아니라, "사람들이 나를 이렇게 기억하길 바란다"라는 메시지를 전략적으로 설계하는 것이다.

  오늘날처럼 경쟁자가 많고 정보가 넘쳐나는 시대에는, 포지셔닝이 분명하지 않은 사람은 금세 묻히고 만다. 반대로 단 한 문장으로 자신의 좌표를 명확히 제시하는 사람은 어디서든 기회를 끌어당긴다. 지금 바로 나의 포지셔닝을 고민해야 하는 이유가 여기에 있다.

♣ 실습 박스

◈ 실습 워크시트 : 내 현재 포지셔닝 점검하기

Step 1. 자기 진단 (인지도)

◎ 나는 다른 사람들에게 얼마나 알려져 있는가?

◎ 내 이름이나 활동을 검색했을 때 결과가 잘 나오나?
(□ 예 □ 아니오)

◎ SNS나 블로그에 내 콘텐츠가 꾸준히 올라가고 있나?
(□ 예 □ 아니오)

◎ 업계에서 나를 떠올릴 때 "아, 그 사람"이라고 즉시 연결될 수 있는가? (□ 예 □ 아니오)

나의 인지도 점수 (0~10) : _____

Step 2. 자기 진단 (전문성)

◎ 나는 나의 분야에서 얼마나 신뢰받는가?

◎ 사람들은 나를 "전문가"라고 소개하는가?
(□ 예 □ 아니오)

◎ 내 분야 관련 자격, 성과, 사례가 객관적으로 증명되는가?
(□ 예 □ 아니오)

◎ 내 의견이나 조언이 실제로 타인에게 도움을 주고 있나?
(□ 예 □ 아니오)

나의 전문성 점수 (0~10) : _____

Step 3. 나의 현재 좌표 표시하기

구분	설명
저인지도·저전문성	아직 드러나지 않은 일반 사용자
고인지도·저전문성	유명하지만 깊이는 부족한 상태
저인지도·고전문성	숨겨진 고수
고인지도·고전문성	유명세와 전문성이 뛰어난 사용자

나의 위치 : ☐ 저인지도·저전문성 ☐ 고인지도·저전문성
　　　　　 ☐ 저인지도·고전문성 ☐ 고인지도·고전문성

Step 4. 목표 좌표 설정하기

앞으로 나는 어디에 위치하고 싶은가?

나의 목표 좌표 : _____

그 좌표로 가기 위해 필요한 첫 번째 행동 : _____

이 워크시트를 채우면, 독자는 지금 자신의 현재 포지셔닝 좌표와 앞으로 이동하고 싶은 목표 좌표를 한눈에 파악할 수 있다.

4.2 나만의 차별화 전략 수립

1) 왜 차별화가 필요한가?

퍼스널 브랜드의 본질은 결국 "사람들이 나를 어떻게 기억하느냐"에 있다. 그런데 문제는 세상에 나와 비슷한 역량을 가진 사람이 너무 많다는 점이다. 단순히 "열심히 한다", "성실하다"는 말만으로는 이제 더 이상 사람들의 기억에 오래 남을 수 없다.

특히 AI와 디지털이 보편화된 지금은 누구나 쉽게 콘텐츠를 만들고 자신을 알릴 수 있다. 그러나 바로 이 점이 역설적으로 문제를 만든다. 너무 많은 사람들이 비슷한 이야기, 비슷한 콘텐츠, 비슷한 직함으로 자신을 소개하기 때문에, 차별화되지 않은 브랜드는 금세 묻히고 만다.

세계적인 경영학자 마이클 포터는 "전략의 본질은 경쟁자와 다르게 활동하는 데 있다."라고 말했다.

퍼스널 브랜드 전략도 마찬가지다. 차별화란 억지로 특별해지려는 것이 아니다. 내가 가진 강점과 경험, 그리고 나만의 관점을 다른 사람과 다른 방식으로 보여주는 과정이다.

결국 차별화는 "그중에서 왜 당신이어야 하는가?"라는 질문에 답하는 힘이다. 작은 차별화 요소라도 분명하게 드러난다면, 사람들은 그 특징을 기억의 고리로 삼아 당신을 떠올리게 된다. 반대로 차별화가 없다면, 수많은 카페 중 하나처럼, 수많은 직장인 중 하나처럼, 수많은 강사 중 하나처럼 쉽게 잊히고 말 것이다.

AI 시대에 살아남는 브랜드는 가장 잘난 브랜드가 아니라, 가장 선명하게 기억되는 브랜드다. 차별화는 바로 그 선명함을 만드는 도구이다.

2) 차별화의 3가지 축

차별화는 단순히 '남들과 다르게 보이는 것'이 아니다. 중요한 것은 사람들의 기억 속에 나를 각인시키는 선명한 좌표를 만드는 것이다. 이를 위해서는 세 가지 축을 활용할 수 있다: 전문성, 스토리, 표현 방식이다.

① 전문성의 차별화

같은 분야에 있더라도 깊이 파고드는 영역을 좁히면 강력한 차별화가 된다.

예를 들어 "마케팅 전문가"라고 하면 범위가 너무 넓고 추상적이다. 그러나 "중소기업을 위한 AI 마케팅 자동화 전문가"라고 하면 이미지는 훨씬 구체적이고 선명해진다. 전문성은 '내가 가장 잘할 수 있는 좁은 영역'을 명확히 정의할 때 비로소 힘을 발휘한다.

② 스토리의 차별화

사람들은 지식보다 이야기에 더 강하게 반응한다.

똑같은 직업이라도 어떤 서사가 붙느냐에 따라 브랜드의 무게감은 달라진다.

필자의 지인인 중소기업 대표는 "직원이 행복해야 고객도 만족하고, 조직이 성장한다"는 신념으로 회사를 이끌고 있다.
그는 화려한 성과 경쟁이나 단기 실적 확대보다 '사람 중심의 경영'을 택했고, 직원 복지와 안정감을 실질적으로 체감할 수 있는 제도를 직접 설계했다.
매년 직원에게 제공되는 한약 복지나 자녀 학자금 지원, 문화생활비 제도는 단순한 혜택이 아니라 "직원을 동반자로 대우하겠다"는 경영 철학의 표현이었다.
그 결과, 이 회사는 업계 평균보다 훨씬 낮은 이직률과 높은 고객 만족도를 유지하고 있다.
그의 이야기는 단순히 "직원을 잘 챙기는 사장님"이 아니라, '사람 중심의 철학을 브랜드로 구현한 리더'라는 서사로 기억된다.

스토리는 나의 경험과 감정을 담아 사람들의 공감을 이끌어내는 가장 강력한 무기다.
결국, 브랜드의 차별성은 '무엇을 했는가'가 아니라 '왜 그렇게 했는가'라는 스토리의 힘에서 나온다.

③ 표현 방식의 차별화
같은 메시지라도 어떻게 표현하느냐에 따라 완전히 다른 인상을

남긴다.

예를 들어, 의학 정보를 전달하는 의사가 있다. 한 의사는 딱딱한 글로만 정보를 전달하지만, 다른 의사는 유튜브에서 리듬에 맞춰 춤을 추며 짧고 재미있게 설명한다. 결과는? 후자의 메시지가 훨씬 더 강렬하게 각인된다.

표현 방식은 단순한 포장이 아니다. 내가 가진 메시지를 어떤 채널, 어떤 톤, 어떤 스타일로 전달하느냐가 곧 브랜드 차별화의 핵심이다.

정리하자면, 전문성은 나의 깊이를, 스토리는 나의 인간적인 연결을, 표현 방식은 나의 전달력을 강화한다.

세 가지가 동시에 맞물릴 때, 브랜드는 선명하고 강력해진다

♣ 실습 박스

■ 워크시트 : 나의 차별화 키워드 3가지

Step 1. 전문성에서 찾기

◎ 나는 어떤 좁은 분야에서 가장 강점을 발휘하는가?

◎ 나의 전문 영역은? _____

◎ 다른 사람들이 나에게 자주 부탁하는 일은? _____

전문성 키워드: _____

Step 2. 스토리에서 찾기

◎ 나의 경험이나 배경 중 다른 사람과 구별되는 고유한 이야기는 무엇인가?

◎ 내가 지금 이 일을 하게 된 계기나 전환점은?
_____

◎ 나의 삶에서 사람들에게 영감을 줄 수 있는 사건은?
_____

스토리 키워드 : _____

Step 3. 표현 방식에서 찾기

◎ 나는 같은 메시지도 어떤 방식으로 다르게 전달할 수 있는가?

◎ 내가 잘 활용하는 채널(블로그·SNS·유튜브 등)은?
_____

◎ 나의 톤앤매너(따뜻함·재미·분석적 등)는?
_____

표현 방식 키워드 : _____

Step 4. 나의 차별화 키워드 3가지 완성하기
위에서 찾은 전문성·스토리·표현 방식 키워드를 합쳐 정리해보자.

이 워크시트를 채우면 독자는 "나를 기억하게 만드는 차별화 요소"를 한눈에 정리할 수 있다.

4.3 타인의 시선과 타깃 페르소나

1) 타인의 인식(외부 시선) 고려하기

퍼스널 브랜드는 내가 나를 어떻게 정의하느냐 못지않게, 타인이 나를 어떻게 바라보느냐에 의해 완성된다. 스스로는 "나는 따뜻하고 신뢰할 만한 전문가다"라고 생각해도, 다른 사람들이 "딱딱하고 거리감 있는 사람"이라고 느낀다면 실제 브랜드는 후자의 이미지로 굳어진다. 결국 브랜드는 내 의도와 타인의 인식이 만나는 지점에서 형성된다.

많은 사람들이 브랜딩을 자기 표현의 영역으로만 생각하지만, 이는 절반만 본 것이다. 브랜드는 철저히 외부 세계와의 상호작용 속에서 만들어진다. 따라서 "사람들은 지금 나를 어떻게 보고 있는가?"라는 질문이 반드시 선행되어야 한다.

예를 들어, 한 직장인은 스스로를 '혁신적인 문제 해결가'라고 생각했지만, 동료들은 그를 '항상 원칙만 따지는 보수적인 사람'으로 여겼다. 이 괴리는 그가 프로젝트에서 아무리 새로운 아이디어를 내더라도, 주변의 인식 때문에 평가받지 못하는 결과를 낳았다. 결국 그는 타인의 피드백을 통해 자신이 주는 인상을 점검하고, 의도와 현실의 차이를 좁히는 전략을 세워야 했다.

이처럼 자신의 관점(내적 정체성)과 타인의 관점(외부 인식)을 비교하고 조율하는 과정이 브랜딩의 핵심이다. 내가 원하는 브랜드와 타인의 시선이 크게 어긋난다면, 그것은 리브랜딩이 필요한 강력한 신호다. 반대로 두 관점이 일치한다면, 그 브랜드는 신뢰와 영향력을 빠르게 축적할 수 있다.

퍼스널 브랜딩에서 중요한 것은 "나는 누구인가?"라는 자기 선언 못지않게, "사람들은 나를 누구라고 믿는가?"라는 외부의 목소리를 듣는 것이다.

♣ 실습 박스

◆ 워크시트 : 타인의 인식 점검하기

브랜드는 내가 나를 어떻게 보느냐보다, 타인이 나를 어떻게 인식하느냐에 따라 달라진다.
아래 질문을 통해 내가 원하는 이미지와 실제 외부 시선의 차이를 확인해보자.

Step 1. 나의 자기 인식
◎ 나는 스스로를 어떻게 정의하고 있는가?
(내가 생각하는 나의 대표 키워드 3개)

Step 2. 타인의 인식 확인하기
◎ 주변 사람들은 나를 어떻게 설명하고 있는가?
(최근 내가 들은 칭찬이나 피드백 중 반복된 단어 3개)
◎ 주변 동료·친구·고객이 나를 한 문장으로 설명한다면?

Step 3. 인식 차이 비교하기
◎ 내가 원하는 이미지와 실제 인식은 일치하는가?

일치하는 부분 : _____
차이가 있는 부분 : _____
내가 보완해야 할 부분 : _____

◆ 활용 팁

이 워크시트는 혼자만 작성하지 말고, 지인 3~5명에게 직접 물어본 피드백으로 채워 넣으면 훨씬 정확하다.

2) 왜 페르소나가 필요한가?

브랜드는 결국 "내가 하고 싶은 말"이 아니라 "상대가 듣고 싶은 말"이어야 한다. 아무리 멋진 메시지라도 그것을 받아들이는 사람이 없다면 공허한 메아리에 불과하다. 따라서 퍼스널 브랜드를 구축할 때는 "누구를 위해 존재하는 브랜드인가?"를 먼저 명확히 해야 한다.

이때 사용하는 개념이 타깃 페르소나(Target Persona)다.
페르소나란 내 브랜드를 경험할 가상의 이상적인 고객, 청중, 팔로워를 말한다. 즉, 내가 가장 집중하고 싶은 대표 고객 1명을 구체적으로 설정하는 작업이다.

3) 페르소나를 정의하는 5가지 요소
1. 기본 정보 - 나이, 직업, 거주지, 가족관계
2. 목표와 니즈 - 이 사람이 바라는 것, 해결하고 싶은 문제
3. 문제와 고민 - 그가 현재 겪고 있는 어려움
4. 정보 습득 채널 - 주로 사용하는 SNS, 미디어, 커뮤니티
5. 브랜드에 기대하는 가치 - 내가 제공할 수 있는 도움이나 변화

예를 들어 나의 페르소나를 "30대 초반 직장 여성, 마케팅 직무, 승진 압박을 느끼는 상태, 인스타그램과 블로그를 자주 사용, 자신감과 전문성을 키우고 싶어 함"과 같이 자세하게 설정해 보자.
이렇게 설정된 페르소나는 내 콘텐츠와 메시지가 흩어지지 않고 일관성 있게 전달되도록 돕는다.

결국 퍼스널 브랜드의 타깃 페르소나는 단순히 '고객 집단'을 정의하는 것이 아니다. 그것은 "내 브랜드가 존재해야 할 이유를 가장 잘 보여주는 거울"이다. 내가 누구를 위해 존재하는지 분명히 할 때, 브랜드는 더 깊은 신뢰와 지속성을 갖게 된다.

퍼스널 브랜드는 내가 하고 싶은 이야기가 아니라, 내 이야기를 가장 필요로 하는 사람이 누구인가를 찾아가는 과정이다.

♣ 실습 박스

◆ 워크시트 : 나의 타깃 페르소나 정의하기

구분	질문	나의 답변
기본 정보	나의 브랜드 메시지를 가장 필요로 하는 사람은 누구인가? 나이, 성별, 직업, 라이프스타일을 적어보자.	
목표	이 사람이 이루고 싶어 하는 것은 무엇인가? (예 취업 성공, 자기계발, 건강 회복, 경제적 자유 등)	
고민	이 사람이 지금 가장 힘들어 하는 점은 무엇인가? (예 불안, 자신감 부족, 정보 부족, 자원 부족 등)	
주요 채널	이 사람이 주로 시간을 보내는 곳은 어디인가? (예 인스타그램, 유튜브, 오프라인 모임, 특정 커뮤니티)	
내가 줄 가치	나의 강점과 경험이 이 사람의 어떤 문제를 해결해줄 수 있는가? (예 동기부여, 실질적 노하우, 정서적 지지 등)	

이 표를 채우면, 독자는 자신의 퍼스널 브랜드가 **누구를 향하고 있는지, 어떤 가치를 제공할 수 있는지**를 명확히 알 수 있다. 완성된 페르소나는 이후 **콘텐츠 기획·메시지 톤·채널 선택**의 기준이 된다.

4.4 포지셔닝 맵 만들기

1) 포지셔닝 맵이란 무엇인가?

포지셔닝 맵(Positioning Map)은 시장에서 나의 상대적 위치를 시각적으로 보여주는 도구다. 기업들이 경쟁 제품을 비교할 때 사용하는 전략 도구이지만, 개인의 퍼스널 브랜드에도 똑같이 적용할 수 있다.

보통 두 개의 축(X축, Y축)을 기준으로 하여, 내 브랜드와 경쟁 브랜드의 위치를 비교한다. 포지셔닝 맵의 기본 구조는 단순하다.

X축(가로축)과 Y축(세로축)을 설정해 두 가지 기준을 세운다.
그 기준에 따라 나와 다른 사람들의 위치를 좌표로 표시한다.
이렇게 하면, 단순히 "나는 전문가다"라는 자기 인식이 아니라, 객관적으로 지금 내가 어느 지점에 있는지를 한눈에 파악할 수 있다.

예를 들어, 퍼스널 브랜딩에서 자주 활용되는 축은 다음과 같다.

X축 : 브랜드 인지도 (낮음 ↔ 높음)
Y축 : 콘텐츠 전문성 (낮음 ↔ 높음)
이 축으로 포지셔닝 맵을 그리면 네 가지 영역이 나온다.

■ 좌하단 - 저인지도·저전문성: 아직 알려지지 않은 일반 사용자

- 우하단 - 고인지도·저전문성: 대중에게는 알려졌지만 신뢰도가 낮은 상태
- 좌상단 - 저인지도·고전문성: 숨은 고수, 하지만 아직 기회와 연결되지 않은 전문가
- 우상단 - 고인지도·고전문성: 신뢰성과 영향력을 동시에 가진 퍼스널 브랜드

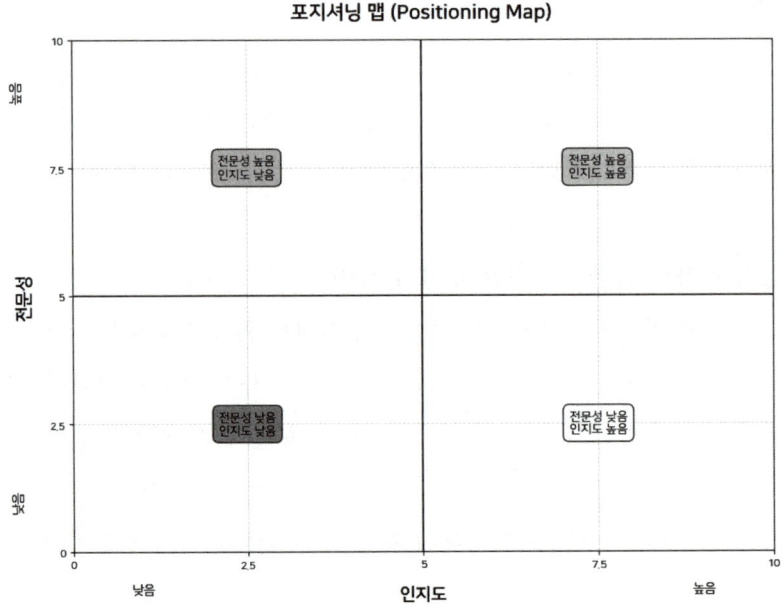

포지셔닝 맵의 장점은 내 브랜드의 현재 위치와, 앞으로 도달해야 할 목표 지점을 동시에 볼 수 있다는 점이다. 단순히 나의 강점이나 약점을 글로만 적을 때보다, 좌표라는 시각적 이미지로 볼 때 훨씬 전략적 시야를 가질 수 있다.

따라서 포지셔닝 맵은 "나는 지금 어디에 있고, 어디로 가고 싶은

가?"라는 질문에 답하는 강력한 도구이다.

2) 나의 현재 좌표와 목표 좌표 찾기

포지셔닝 맵을 제대로 활용하려면 가장 먼저 나의 현재 위치를 솔직하게 확인해야 한다. 많은 사람들이 "나는 전문가다", "나는 이미 충분히 알려져 있다"라고 막연하게 생각하지만, 실제 외부 시선과 데이터는 다를 수 있다. 따라서 지금 내가 인지도는 어느 정도인지, 전문성은 얼마나 신뢰받고 있는지를 냉정하게 점검하는 과정이 필요하다.

예를 들어, 어떤 직장인은 업계에서 실무 경험이 풍부하지만 대외적으로는 알려진 바가 거의 없다면, 그의 좌표는 "좌상단(저인지도·고전문성)"에 위치한다. 또 다른 사람은 유튜브 구독자가 많지만 콘텐츠가 깊이 없이 가벼운 이미지라면, 그는 "우하단(고인지도·저전문성)"에 해당한다.

다음 단계는 내가 도달하고 싶은 목표 좌표를 정하는 것이다. 대부분의 사람들이 궁극적으로 원하는 위치는 "우상단(고인지도·고전문성)"이다. 이 좌표에 도달하면 단순히 많이 알려진 사람이 아니라, 신뢰와 영향력을 동시에 갖춘 브랜드가 된다. 하지만 모두가 같은 목표를 가질 필요는 없다. 어떤 이는 소수의 전문가 집단에게만 인정받는 깊이 있는 브랜드를 원할 수 있고, 어떤 이는 대중적 친근감을 우선시 할 수도 있다.

핵심은, 현재 좌표와 목표 좌표의 차이를 분명히 인식하는 것이다. 그래야만 그 사이의 간극(Gap)을 메우기 위한 실행 전략을 세울 수 있다.

■ 좌상단에 있는 사람은 인지도를 높이기 위한 채널 전략이 필요하다.

■ 우하단에 있는 사람은 전문성을 쌓고 신뢰도를 높이는 노력이 필요하다.

■ 좌하단에 있는 사람은 우선 자신만의 강점을 발굴하고, 작은 무대부터 경험을 쌓아야 한다.

포지셔닝 맵은 단순한 그림이 아니라, "지금 나는 어디에 있고, 어디로 가야 하는가"를 시각적으로 보여주는 성장의 나침반이다.

■ 질문하기

◎ 내 업계에서 사람들이 나를 떠올릴 때 가장 먼저 떠오르는 이미지는 무엇인가?

◎ 나의 인지도는 어느 정도인가?
 * (　) 아직 거의 알려지지 않았다
 * (　) 소규모 그룹에서는 알려져 있다
 * (　) 업계에서 어느 정도 알려져 있다
 * (　) 대중적으로 잘 알려져 있다

◎ 나의 전문성은 어느 정도인가?
- * ( ) 초보 단계
- * ( ) 일정 수준의 경험 보유
- * ( ) 전문성을 인정받기 시작
- * ( ) 업계 최고 수준

◎ 내가 원하는 위치(미래 좌표)는 어디인가?

◎ 그 목표를 위해 앞으로 어떤 활동을 해야 하는가?

♣ 실습 박스

AI 실습 프롬프트

"나는 [직업/분야]에서 활동하고 있다. 현재 내 인지도는 [낮음/중간/높음],
전문성은 [낮음/중간/높음] 수준이라고 생각한다.
포지셔닝 맵에서 내 위치를 설명해주고,
내가 목표하는 [예 고인지도·고전문성] 좌표로 이동하기 위해 필요한 행동 전략 3가지를 제안해줘."

◈ 실습 : 나의 포지셔닝 맵 그리기

1. 종이에 X축과 Y축을 그린다.
   * X축: 인지도 (낮음 ↔ 높음)
   * Y축: 전문성 (낮음 ↔ 높음)
2. 현재의 나를 해당 좌표에 표시한다.
3. 주요 경쟁자나 롤모델을 2~3명 올려본다.
4. 내가 도달하고 싶은 목표 지점을 새로운 점으로 찍는다.
5. 현재 위치에서 목표 위치로 이동하기 위한 3가지 행동 전략을 적는다. 이렇게 하면 추상적인 나의 위치가 눈에 보이는 전략 지도로 정리된다.

포지셔닝 맵은 나의 브랜드 좌표를 시각적으로 확인할 수 있는 가장 간단하면서도 강력한 도구이다. 지금 이 워크시트를 채워보며, 현재의 나와 앞으로 도달하고 싶은 목표 지점을 직접 그려보자.

Step 1. 현재 좌표 표시하기

아래의 빈 맵에 지금의 나를 ○ 표시해보자.

전문성

인지도

지금 나의 위치는? _____

Step 2. 목표 좌표 설정하기

앞으로 6개월, 1년, 3년 뒤 나는 어디에 도달하고 싶은가?

6개월 뒤 목표 : _____

1년 뒤 목표 : _____

3년 뒤 목표 : _____

Step 3. 갭(Gap) 분석하기

현재 좌표와 목표 좌표 사이에는 어떤 차이가 있는가?

부족한 요소 : _____

내가 보완해야 할 점 : _____

Step 4. 실행 전략 메모
이 간극을 메우기 위해 내가 실천할 수 있는 3가지 행동을 적어보자.

이 실습을 통해 독자는 "나는 어디에 있고, 어디로 가야 하는가?"를 명확히 정의할 수 있다.
이 워크시트를 3~6개월마다 다시 작성하면, 스스로의 성장 곡선을 눈으로 확인할 수 있다

♥**실습 예시 : 프롬프트**

"나는 5년 차 직장인 컨설턴트다. 업계에서는 전문성을 인정받지만 대중적 인지도는 낮다." 포지셔닝 맵에서 내 위치를 설명해주고, 내가 목표하는 고인지도·고전문성 좌표로 이동하기 위해 필요한 행동 전략 3가지를 제안해줘

◎ 현재 나의 위치 (5년 차 직장인 컨설턴트)
■ X축(인지도): 낮음
  → 업계에서는 활동하지만 대중에게 알려지지 않음.
  → 이름이 업계 내부 네트워크에만 국한된 상태.
■ Y축(전문성): 높음
  → 5년간의 프로젝트 경험으로 전문성은 인정받음.
  → 동료, 상사, 클라이언트에게는 신뢰를 얻고 있음.
따라서 현재 좌표는 좌상단(전문성 高, 인지도 低 = 숨은 고수형)

◎ 목표 : 우상단 (전문성 高 + 인지도 高)
즉, 신뢰와 영향력을 동시에 갖춘 컨설턴트로 자리매김하는 것.

◎ 이동을 위한 행동 전략 3가지
■ 콘텐츠 발신 전략 - 전문성을 밖으로 드러내라
→ 블로그, 브런치, 링크드인에 프로젝트 경험과 인사이트 공유
→ "현장에서 배운 교훈" 같은 실무형 글은 취준생·후배 컨설턴트에게도 도움이 되어 확산력 ↑
→ 글/영상/슬라이드 형태로 콘텐츠를 아카이빙 → 검색 노출
→ 전문가 인식 강화

■ 브랜드 네트워킹 전략 - 업계 밖으로 확장하라
→ 세미나·포럼·컨퍼런스 발표자로 참여
→ 대학 강연, 정부 지원 프로그램 멘토링 등 업계 밖 사람들과 접점 확대
→ 업계 전문가에서 대중과 연결된 전문가로 변모

■ 대중 친화 전략 - 전문성을 쉽게 번역하라
→ 컨설팅 내용을 "누구나 이해할 수 있는 언어"로 바꾸기
예 "재무 구조 최적화" → "돈이 새는 구멍을 막아주는 방법"
→ SNS 카드뉴스, 짧은 동영상 등으로 전달 → 인지도 상승 + 전문가 이미지 강화

- ⦿ 현재 좌표 : 숨은 고수형(전문성 高, 인지도 低)
- ⦿ 목표 좌표 : 신뢰와 영향력형(전문성 高, 인지도 高)

■ 이동 전략 :
1. SNS·브런치에 업계 인사이트 정기 발행 → 대중 노출 확대
2. 업계 컨퍼런스 발표자로 참여 → 전문가로 공식 인정
3. 개인 브랜딩 콘텐츠(영상, 글, 책) 제작 → 신뢰 자산 축적

포지셔닝 맵은 단순한 그림이 아니라 현재 위치를 냉정하게 확인하고 미래 방향을 설정하는 지도다.

오늘 그려본 맵은 완벽하지 않아도 괜찮다. 중요한 것은 "나는 지금 어디에 있고, 어디로 가고 싶은가"라는 질문을 계속 반복하는 습관이다.

4.5 한 줄 소개 / 자기표현 키워드 정리

1) 왜 한 줄 소개가 중요한가?

우리는 늘 자기소개를 한다. 명함을 건넬 때, 새로운 사람을 만날 때, SNS 프로필을 만들 때, 이 순간 10초 안에 상대방이 나를 기억할 수 있도록 하는 도구가 바로 한 줄 소개(One-liner)다.

많은 사람이 긴 설명을 늘어놓지만, 실제로 기억에 남는 것은 짧고 선명한 한 줄이다.

따라서 퍼스널 브랜드의 마지막 단계에서는 내가 가진 메시지를 한 문장으로 압축하는 훈련이 필요하다.

■ 핵심 메시지, 슬로건, 한 줄 소개 차이점과 필요성

왜 3가지가 모두 필요한가?

1. 핵심 메시지 – 브랜드의 뿌리
· 내가 무엇을, 왜 하는지를 설명하는 문장
· 나의 철학과 방향성을 명확히 하여, 스스로 흔들리지 않게 한다.
· 장기적으로 "내가 어떤 브랜드가 되고 싶은가?"를 정의하는 나침반 역할
→ 핵심 메시지가 없으면, 말과 행동이 일관성을 잃고 브랜드가 쉽게 흐려진다.
  예 "나는 AI를 도구로 활용해 사람들의 성장을 돕는 코치다"

2. 슬로건 – 브랜드의 꽃

- 사람들이 듣자마자 기억하고 떠올릴 수 있는 짧은 문구
- 감각적이고 압축적이어서, 대중의 뇌리에 빠르게 각인된다.
- SNS, 명함, 홈페이지, 강연 등 브랜드를 알리는 모든 순간에 쓰인다.

→ 슬로건이 없으면, 아무리 좋은 메시지도 사람들의 기억 속에 남지 않는다.

　예 "AI 시대 인간다움을 지키는 코치."

3. 한 줄 소개 – 브랜드의 명함
- 자기소개, 네트워킹, 이력서, SNS 프로필 등에서 바로 활용
- 핵심 메시지를 압축해 현재 나를 쉽게 설명하는 실용적 문장
- 짧지만 구체적으로 나의 전문성과 정체성을 전달한다

→ 한 줄 소개가 없으면, 사람들은 "이 사람이 정확히 뭘 하는 사람인지" 헷갈리게 된다.

　예 "저는 AI를 활용해 개인의 잠재력을 끌어내고, 성장의 길을 함께 설계하는 코치입니다."

▶ 정리
- 핵심 메시지 = 나의 철학 (내가 누구인지에 대한 자기 정의)
- 슬로건 = 대중의 기억 (사람들이 쉽게 떠올리는 나의 브랜드 문구)
- 한 줄 소개 = 실용적 소개 (상황에 맞게 바로 쓸 수 있는 명확한 자기소개)

> 세 가지가 함께 있을 때,
>   나 자신에게는 방향성을,
>   대중에게는 기억할 만한 인상을,
>   실무 상황에서는 즉각적인 설명력을 제공한다.

2) 자기표현 키워드란?

한 줄 소개와 함께 기억해야 할 것은 키워드(Keyword)다.

키워드는 나를 상징하는 3~5개의 단어로, 사람들이 나를 떠올릴 때 즉각적으로 연결되는 이미지다.

예를들어 "일론 머스크"의 키워드를 정의해보면 대충 다음과 같은 것들이 있을 수 있다 #혁신 #위험감수 #우주

키워드는 나의 성격, 강점, 가치관을 압축적으로 보여주는 단어로, 사람들이 나를 기억할 때 떠올릴 수 있는 "연상 단서" 역할을 한다.

예를 들어, 어떤 사람이 자신을 "논리적 · 따뜻함 · 실행력"으로 정의했다면, 그는 사람들에게 "논리적으로 설명하면서도 따뜻하게 다가오고, 실제로 실행까지 하는 사람"이라는 인상을 심어줄 수 있다. 이렇게 키워드를 정하면, 대화나 자기소개, SNS 콘텐츠에 일관되게 녹여낼 수 있어 브랜드 이미지가 흐트러지지 않는다.

자기표현 키워드를 정할 때는 다음 세 가지 기준을 활용하면 좋다.
1. 진정성: 내가 실제로 가진 성격과 강점이어야 한다. 억지로 꾸민 단어는 오래 유지되지 않는다. 예 경청, 진심, 꾸준

함, 성장지향

2. 차별성: 흔히 누구나 쓰는 '성실하다', '열심히 한다'보다는 나만의 색깔을 보여줄 수 있는 단어가 좋다. 예 인사이트 메이커, 스토리텔러, 실행코치

3. 일관성: 다양한 상황에서도 반복적으로 활용할 수 있는 키워드여야 한다. 예 신뢰, 소통, 전문성, 정직

▶ 독자 실습

아래 빈칸에 당신의 자기표현 키워드 3개를 적어보자.

키워드 ① _____
키워드 ② _____
키워드 ③ _____

이렇게 정리된 자기표현 키워드는 나의 핵심 메시지, 슬로건, 한 줄 소개를 만드는 기초 재료가 된다

■ 질문하기

◎ 사람들이 나를 소개할 때 가장 자주 쓰는 단어는 무엇인가?
◎ 내가 바라는 이상적인 이미지와 일치하는가?
◎ 한 문장으로 나를 표현한다면 어떻게 말할 수 있을까?

♣ **실습 박스**

AI 실습 프롬프트

"나는 [직업/분야/특징]을 가진 사람이다.
나를 잘 표현할 수 있는 키워드 5개를 추천해주고,
그 키워드를 바탕으로 1문장 자기소개(한 줄 소개)를 만들어줘."

◆ 워크시트 : 나만의 키워드 3개 정의하기

1단계 나를 설명하는 단어 쏟아내기
아래 칸에 내가 떠올리는 단어를 최대한 많이 적어보세요. (전문성, 성격, 가치관, 관심사 등 자유롭게)
예 영어, AI, 열정, 멘토링, 실패, 성실, 데이터, 혁신, 성장, 소통...
▶ 나를 설명하는 단어 리스트
_____
_____
_____
_____

2단계 공통점 묶기
비슷하거나 연결되는 단어들을 그룹으로 묶어보세요.

📖 (영어, 학습, 교육) → "교육" 그룹

▶ 내 키워드 그룹화

그룹1: _____

그룹2: _____

그룹3: _____

3단계 상위 키워드 5개 뽑기

각 그룹에서 가장 잘 대표할 수 있는 단어를 고르고, 그중 나를 가장 잘 표현하는 상위 키워드 5개를 뽑아보세요.

▶ 상위 키워드 5개

1.

2.

3.

4.

5.

4단계 최종 키워드 3개 선정

내가 어떤 사람으로 기억되길 원하는지 생각하며 최종 키워드 3개를 확정하세요.

이 3개가 앞으로 나의 **퍼스널 브랜드 핵심 단어**가 됩니다.

▶ 나만의 키워드 3개

1.

2.

3.

5단계 활용하기

자기소개 시: "저는 #_____ #_____ #_____ 을 핵심으로 활동하고 있습니다."

SNS 프로필: "#_____ #_____ #_____"

브랜딩 콘텐츠: 글·영상·강연 주제를 이 3개 키워드에 맞춰 설계

Tip :

일론 머스크의 키워드가 #혁신 #위험감수 #우주로 정리되듯, 당신도 3개의 키워드로 스스로를 정의하면 흩어지지 않고 일관된 브랜드 이미지를 만들 수 있다.

Part 3.
브랜드를 알리고 강화하기

제5장 실행하기 - 브랜드를 세상과 연결하기
    5.1 왜 콘텐츠 채널이 중요한가?
    5.2 온라인 채널 운영(SNS, 블로그, 영상 채널 등)
    5.3 콘텐츠 캘린더와 일관성 유지
    5.4 오프라인 브랜딩(강연,협업,네트워킹)
    5.5 시각 아이덴티티(로고,컬러,폰트)
    5.6 네트워크 확산 전략
    5.7 사례:성공한 브랜드와 콘텐츠 전략

제5장 실행하기 - 브랜드를 세상과 연결하기

> **핵심 인사이트**
> - 콘텐츠 채널의 특성과 나에게 맞는 채널 선택법을 이해할 수 있다.
> - 일관된 메시지를 유지하는 방법과 톤앤매너의 중요성을 체득할 수 있다.
> - AI와 디지털 도구를 활용해 콘텐츠를 제작하고 관리하는 방법을 익힐 수 있다.
> - 콘텐츠 캘린더와 루틴을 통해 꾸준히 브랜드를 성장시킬 수 있다.

5.1 왜 콘텐츠 채널이 중요한가?

퍼스널 브랜드는 결국 '보여져야 존재한다'는 사실에서 출발한다.

아무리 좋은 생각과 전문성을 가지고 있더라도, 그것을 전달할 통로가 없다면 세상은 나를 알지 못한다.

브랜드는 혼자 속으로 다지는 것이 아니라, 세상과 연결되는 과정에서 완성된다.

오늘날 콘텐츠 채널은 단순한 홍보 수단이 아니라 브랜드와 세상을 연결하는 다리이다.

특히 AI 시대에는 누구나 글을 쓰고, 영상을 만들고, 이미지를 제작할 수 있다. 그렇기에 채널 전략 없이 무작정 콘텐츠를 올린다면,

시간과 에너지만 소모될 뿐 브랜드는 자리 잡지 못한다.

즉, 콘텐츠 채널 전략은 브랜드를 세상과 연결하는 필수 설계도다.

1) 콘텐츠 채널의 세 가지 유형

브랜드 콘텐츠를 세상에 알리는 방법은 크게 글 기반 채널, 영상 기반 채널, 오디오·라이브 기반 채널로 나눌 수 있다. 각 채널은 고유한 강점과 한계를 지니고 있으며, 브랜드 성격과 목표에 따라 적합한 선택이 달라진다.

① 글 기반 채널(블로그, 브런치, 뉴스레터 등)

글은 깊이 있는 메시지를 전달하는 데 강하다. 사고를 구조화해 설명하거나 전문성을 드러내기에 적합하다. 반면 시각적 자극이 적고 독자의 집중 시간이 짧을 경우 흡인력이 떨어질 수 있다.

② 영상 기반 채널(유튜브, 틱톡, 릴스 등)

시각과 청각을 동시에 활용해 강렬한 인상을 남긴다. 브랜드의 표정, 태도, 현장을 생생하게 보여주며 확산력도 뛰어나다. 그러나 제작에 시간과 비용이 많이 들고, 지속적인 운영을 위해서는 기획력과 편집 역량이 필요하다.

③ 오디오·라이브 기반 채널(팟캐스트, 클럽하우스, 라이브 방송 등)

친밀감을 형성하는 데 효과적이다. 목소리를 통해 전달되는 진정성은 독자나 청중에게 신뢰를 쌓는 강력한 도구가 된다. 그러나 시각적 요소가 부족해 주의 집중을 유지하기 어렵고, 실시간 소통은 준비와 대응 능력을 동시에 요구한다.

중요한 것은 어떤 채널이 '좋다·나쁘다'가 아니라, 내 브랜드의 특성과 메시지에 가장 적합한 채널이 무엇인가를 선택하고 집중하는 일이다.

2) 나만의 콘텐츠 전략 설계하기

퍼스널 브랜드는 혼자만의 성취가 아니라, 세상과 끊임없이 연결되는 과정이다. 내가 가진 메시지가 아무리 강력하더라도, 그것을 전달할 채널이 없다면 사람들의 마음에 닿을 수 없다. 따라서 브랜드를 키우기 위해서는 채널 설계가 반드시 필요하다. 이는 단순히 블로그를 열고, 유튜브에 영상을 올리는 수준을 넘어선다. 내 강점과 메시지에 맞는 채널을 전략적으로 고르고, 일관된 톤으로 운영하는 체계를 만드는 것이다.

① 핵심 메시지 정의하기

가장 먼저 해야 할 일은 "나는 누구이며, 어떤 가치를 전하고 싶은가?"를 한 문장으로 정리하는 것이다.

예 "나는 AI 시대 직장인의 커리어를 돕는 코치다."

이 문장은 내가 앞으로 모든 채널에서 유지해야 할 일관성의 기준점이 된다. 어떤 글을 쓰든, 어떤 영상을 찍든, 결국 이 핵심 메시지를 강화하는 방향으로 이어져야 한다.

② 나의 강점에 맞는 채널 선택하기

모든 사람에게 모든 채널이 다 맞는 것은 아니다. 나의 성향과 강점에 따라 채널을 선택해야 한다.

· 글쓰기에 강점이 있다면 → 브런치, 링크드인, 뉴스레터

→ 전문적이고 체계적인 콘텐츠를 통해 신뢰를 구축할 수 있다.

· 말하기에 강점이 있다면 → 유튜브, 틱톡

→ 표정, 목소리, 에너지로 메시지를 생생하게 전달할 수 있다.

· 오디오에 강점이 있다면 → 팟캐스트

→ 목소리만으로 친밀감을 형성하며, 출퇴근 시간이나 운동 중에도 청중과 연결될 수 있다.

채널은 많을수록 좋은 것이 아니다. 내 강점을 살릴 수 있는 1~2개의 채널을 집중적으로 운영하는 것이 효과적이다.

③ 채널별 톤앤매너 정립하기

같은 메시지라도 채널의 특성에 맞게 조율해야 한다.

· 블로그 → 전문적이고 분석적인 톤

· 인스타그램·틱톡 → 짧고 감각적인 톤

· 링크드인 → 비즈니스적이고 네트워킹 중심의 톤

· 유튜브 → 친근하면서도 스토리텔링이 강조된 톤

중요한 것은 각 채널에서의 차별화가 아니라, 핵심 메시지를 잃지 않으면서도 맞춤형으로 전달하는 것이다.

④ 채널 간 연계 전략 세우기

한 번 만든 콘텐츠는 다양한 형태로 재가공할 수 있다.

예를 들어, 블로그에 올린 긴 글을 요약해 링크드인에 게시하고, 그 핵심 문장을 카드뉴스로 만들어 인스타그램에 공유하는 방식이다.

이렇게 하면 하나의 메시지가 여러 채널에서 파급력을 가지며 시너지를 낼 수 있다.

⑤ 지속 가능한 운영 루틴 만들기

브랜딩은 단기 이벤트가 아니라, 꾸준히 이어가는 루틴이다.

· 무리하지 않는 주기 설정: 예 블로그 주 1회, 인스타그램 주 3회
· 일정 관리 도구 활용: 트렐로, 노션, 캘린더
· AI 도구 적극 활용
  - ChatGPT, Claud, Gemini → 콘텐츠 초안 작성
  - Canva, Miricanvas, Mangoboard → 디자인 제작
  - SNS 자동 발행 툴(Buffer, MAKE, Hootsuite) → 효율적 관리

꾸준함은 곧 신뢰다. 일정한 간격으로 콘텐츠가 올라올 때, 사람들은 브랜드를 믿고 찾아오게 된다.

나만의 채널 설계는 "무엇을 할 것인가?"가 아니라 "어떻게 지속할 것인가?"의 문제다. 핵심 메시지를 정리하고, 나의 강점에 맞는 채널을 선택하며, 각 채널에 맞는 톤앤매너를 유지하고, 루틴을 만들어야 한다. 결국 이 모든 과정이 모여 브랜드의 가시성과 신뢰성을 동시에

키우는 토대가 된다.

> ■ 질문하기
> ◎ 내가 가장 편하게 표현할 수 있는 방식은 무엇인가? (글/영상/말하기/디자인)
> ◎ 내 메시지를 가장 효과적으로 전달할 수 있는 채널은 무엇인가?
> ◎ 내가 현재 운영 중인 채널은 일관성이 있는가, 단순히 흩어져 있는가?

♣ 실습 박스

AI 실습 프롬프트

"내 메시지는 [예 AI 시대 직장인의 커리어 코칭]이다.
내가 활용할 수 있는 채널은 블로그, 유튜브, 인스타그램 중 하나다.
내 메시지를 효과적으로 전달할 채널을 추천해주고,
각 채널에서 어떤 톤앤매너로 콘텐츠를 제작해야 하는지 제안해줘.
또 1주일 운영 루틴을 간단히 만들어줘."

◆ 워크북 : 나만의 채널 전략 설계하기

▶ 워크북 : 나만의 채널 전략 설계하기

Step 1. 나의 메시지 정리하기

내가 세상에 전하고 싶은 핵심 메시지를 한 문장으로 써보세요.
예 "나는 직장인들이 AI 시대에도 흔들리지 않도록 커리어 방향을 잡아주는 코치다."
☞ 나의 메시지 : _____

Step 2. 적합한 채널 선택하기

내 메시지를 가장 효과적으로 전달할 수 있는 채널은 무엇인가요? (복수 선택 가능)
☐ 블로그 (전문적 글쓰기와 아카이빙)
☐ 유튜브 (시각적·스토리텔링 중심)

☐ 인스타그램 (짧고 직관적인 이미지·카드뉴스)
☐ 기타 : _____
☞ 선택한 채널 : _____

Step 3. 채널별 톤앤매너 정리하기
각 채널에서 나의 콘텐츠는 어떤 분위기와 스타일로 보여야 할까요?
예) 블로그는 "분석적·차분한 톤", 인스타그램은 "감각적·친근한 톤"
☞ 채널 & 톤앤매너:
블로그 : _____
유튜브 : _____
인스타그램 : _____

Step 4. 나의 1주일 운영 루틴 설계하기
한 주 동안 무리 없이 실천할 수 있는 콘텐츠 루틴을 적어보세요.
예) 월요일-블로그 글, 수요일-카드뉴스, 토요일-유튜브 영상
☞ 나의 주간 루틴:
월 : _____
화 : _____
수 : _____
목 : _____
금 : _____

토 : _____

일 : _____

Step 5. 실행 다짐하기

☞ 내가 이번 주 꼭 실천할 콘텐츠 제작 목표를 하나 정해보세요.

☞ 이번 주 실천 목표: _____

◆ 활용 팁

이 워크북은 독자가 AI 실습에서 얻은 제안과 연결해 작성하도록 구성했습니다.

즉, AI의 제안을 '참고 답안'으로 삼고, 워크북은 '나만의 실행안'을 기록하는 단계로 보면 됩니다.

이 워크북은 독자가 AI 실습에서 얻은 제안과 연결해 작성하도록 구성하였습니다.

즉, AI의 제안을 '참고 답안'으로 삼고, 워크북은 '나만의 실행안'을 기록하는 단계로 보면 됩니다.

5.2 온라인 채널 운영 (글, 블로그, 영상 채널 등)

오늘날 퍼스널 브랜드를 알리는 가장 강력한 방법은 온라인 채널 운영이다. 오프라인의 명함이나 입소문이 한정적이라면, 온라인은 시공간을 뛰어넘어 수많은 사람에게 동시에 나를 알릴 수 있는 무대다. 그러나 무작정 많은 채널을 열어두는 것보다, 나의 강점과 메시지에 맞는 채널을 전략적으로 운영하는 것이 핵심이다.

① 글 기반 채널 - 깊이와 신뢰를 쌓는 공간
▶ 대표 채널: 블로그(브런치, 티스토리), 링크드인, 뉴스레터
▶ 장점 : 글은 나의 사고방식과 전문성을 가장 체계적으로 보여준다. 긴 호흡으로 설명할 수 있기에 신뢰를 쌓기 좋다. 또한 검색 엔진에 노출되어 장기적으로 '브랜드 자산'으로 남는다.
▶ 운영 전략 :
- 주 1회 이상 꾸준히 발행하는 습관을 만들자.
- 단순 정보 나열이 아니라, 나의 경험·사례·생각을 담아야 브랜드가 살아난다.
- 긴 글은 블로그, 짧은 핵심 문장은 링크드인, 정리된 콘텐츠는 뉴스레터로 배포하면 시너지가 난다.

② 영상 기반 채널 - 영향력과 확산의 무기
▶ 대표 채널 : 유튜브, 틱톡, 인스타그램 릴스
▶ 장점 : 영상은 시각과 청각을 동시에 자극하므로 몰입도를 높인

다. 감정 전달이 용이하고, 빠르게 확산될 수 있는 파급력이 크다.

▶ 운영 전략 :

- 초반에는 장시간 영상을 만들기보다 3~5분의 짧은 영상으로 시작한다.
- 영상은 화질보다 메시지와 진정성이 더 중요하다.
- 강연·인터뷰·일상 중 짧은 장면을 편집해 올리면 콘텐츠 생산 부담을 줄일 수 있다.
- 틱톡·릴스는 15~60초 숏폼으로 가볍게, 유튜브는 깊이 있는 콘텐츠로 운영해 균형을 맞추자.

③ 오디오·라이브 기반 채널 - 친밀감을 키우는 연결

▶ 대표 채널 : 팟캐스트, 클럽하우스, 인스타 라이브

▶ 장점 : 목소리만으로도 사람들은 강한 친밀감을 느낀다. 출퇴근·운동·가사 노동 시간에도 청취할 수 있어, "틈새 시간"에 브랜드를 각인시킬 수 있다.

▶ 운영 전략 :

- 주제를 좁히고, 대화하듯 자연스럽게 진행하는 것이 핵심이다.
- 라이브 채널은 실시간 소통으로 '브랜드의 인간적인 면'을 보여주기에 좋다.
- 강의, Q&A, 토크쇼 형식으로 운영하면 장기 팔로워를 확보할 수 있다.

④ 운영 시 반드시 지켜야 할 원칙

▶ 일관성 : 채널마다 메시지를 다르게 말하면 신뢰를 잃는다. 언제 어디서든 같은 브랜드 톤을 유지해야 한다.

▶ 지속성 : 한 달 반짝 운영하다 멈추면 브랜드는 금세 잊힌다. 가능한 주기와 양을 정해 꾸준히 발행해야 한다.

▶ 확장성 : 하나의 콘텐츠를 여러 채널로 재가공하라. (예) 블로그 긴 글 → 링크드인 요약 → 인스타그램 카드뉴스 → 유튜브 영상)

▶ 진정성 : 화려한 편집보다 중요한 것은 "이 사람이 진짜 하고 싶은 말"이 전달되어야 한다는것이다. 즉 꾸밈없이 솔직할수록 오히려 신뢰가 쌓인다.

온라인 채널 운영은 퍼스널 브랜드의 확성기와 같다. 글 기반 채널에서 깊이를 쌓고, 영상 기반 채널에서 확산력을 얻으며, 오디오·라이브 기반 채널에서 친밀감을 형성하는 것이다. 여기에 일관성과 지속성을 더한다면, 온라인 채널은 당신의 퍼스널 브랜드를 가장 빠르고 강력하게 성장시키는 플랫폼이 된다.

5.3 콘텐츠 캘린더와 일관성 유지

1) 왜 일관성이 중요한가?

퍼스널 브랜드는 단 한 번의 화려한 게시물이 아니라, 꾸준히 쌓이는 흔적에서 힘을 얻는다. 심리학자 로버트 치알디니(Robert Cialdini)는 그의 저서 『설득의 심리학』에서 "사람들은 일관된 행동을 신뢰한다"고 강조했다. 즉, 나의 말과 행동, 메시지가 반복적으로 드러날 때 비로소 신뢰가 형성된다.

SNS나 블로그를 운영하는 사람들이 가장 흔히 실패하는 이유는 '처음에는 열정적으로 올리다가 3개월 뒤에는 멈추는 것'이다. 이런 계정은 금세 활기를 잃고, 결국 신뢰를 주기 어렵다. 반면, 큰 화제를 불러일으키지 못하더라도 매주 꾸준히 글을 쓰고, 자신만의 톤으로 이야기를 이어가는 사람은 시간이 지날수록 더 큰 영향력을 갖게 된다.

개그맨이자 베스트셀러 작가인 고명환은 이 점을 잘 보여주는 사례다. 그는 "아침 긍정 확인 유튜브"를 1000일 동안 매일 하겠다고 다짐했고, 아무리 술자리가 길어져 늦게 귀가하여, 몸이 피곤하더라도, 매일 새벽 5시에 일어나 영상을 촬영했다. 그렇게 1000회를 채운 뒤에도 멈추지 않고 지금은 1000회를 훌쩍 넘겼으며, 이 일관성이 결국 그를 베스트셀러 작가이자 유명 강사로 만들어 주었다.

결국 메시지의 힘은 한순간의 열정이 아니라, 꾸준히 이어가는 일관성에서 나온다. 그리고 그 일관성은 시간이 흐르며 신뢰로 바뀌고, 신뢰는 곧 퍼스널 브랜드의 가장 강력한 자산이 된다.

2) 콘텐츠 캘린더란 무엇인가?

콘텐츠 캘린더(Content Calendar)란 언제, 어떤 주제로, 어떤 채널에 글·사진·영상을 올릴지 미리 계획해 두는 일정표를 말한다. 원래는 기업들이 마케팅 전략을 실행할 때 사용하는 도구지만, 개인이 퍼스널 브랜드를 구축할 때도 충분히 효과적으로 활용할 수 있다.

콘텐츠 캘린더를 만들 때 중요한 요소는 크게 세 가지다.

첫째, 주제 관리다. 나의 브랜드 핵심 메시지와 연결된 주제를 미리 정리해 두면, 매번 무엇을 올릴지 고민하지 않고 일관된 톤으로 콘텐츠를 이어갈 수 있다.

둘째, 주기 설정이다. 하루 단위, 주 단위, 혹은 월 단위로 게시 빈도를 정해 두면, 콘텐츠 운영이 무리 없이 지속된다.

셋째, 채널 분배다. SNS, 블로그, 유튜브, 오프라인 활동을 어떻게 배치할지 미리 계획하면, 같은 주제라도 매체에 맞는 형식으로 변환하여 더 효과적으로 전달할 수 있다.

예를 들어, 한 프리랜서 강사는 자신만의 콘텐츠 루틴을 이렇게 만들었다. 월요일에는 "업무 꿀팁 카드뉴스"를, 수요일에는 "짧은 동기부여 글귀"를, 금요일에는 "현장 강의 후기"를 올리는 것이다. 이렇게 일정과 주제를 캘린더로 정해 두니, 콘텐츠는 일관성을 유지했고, 독자들은 점점 그 강사를 "꾸준히 유용한 정보를 주는 전문가"로 인식하게 되었다.

즉 콘텐츠 캘린더는 단순히 일정을 정리하는 도구가 아니라, 나의 메시지를 꾸준히 쌓아가는 습관을 만들어 주는 장치다. 결국 이 꾸준함이 퍼스널 브랜드를 차별화시키는 힘이 된다.

3) 일관성을 유지하는 3가지 전략

콘텐츠 운영에서 가장 중요한 것은 꾸준함이다. 하지만 많은 사람들이 처음에는 열정적으로 시작하다가 곧 지쳐 멈추고 만다. 이를 방지하기 위해서는 몇 가지 전략이 필요하다.

첫째, 작게 시작하기다. 처음부터 매일 글이나 영상을 올리겠다고 다짐하면 오히려 부담이 커져 쉽게 포기하게 된다. 따라서 주 1~2회로 가볍게 시작하고, 습관이 자리 잡으면 점차 횟수를 늘려가는 것이 좋다. 이렇게 하면 꾸준함이 무리 없이 이어진다.

둘째, 템플릿 만들기다. 매번 어떤 콘텐츠를 올릴지 고민하다 보면 시간이 많이 들고 피로감이 쌓인다. 이를 줄이는 방법은 요일별 포맷을 정하는 것이다. 예를 들어, 월요일은 '짧은 글귀', 수요일은 '사례 공유', 금요일은 '개인 경험담'으로 미리 정해 두면, 주제 고민에 들이는 에너지를 최소화할 수 있다.

셋째, AI 활용하기다. 아이디어가 잘 떠오르지 않을 때는 ChatGPT 같은 AI에게 도움을 청할 수 있다. 예를 들어 "이번 주 자기계발 관련 콘텐츠 아이디어 5가지를 추천해줘"라고 요청하거나, 콘텐츠 캘린더 초안을 작성하게 하는 식이다. 이렇게 하면 혼자 끙끙대는 시간을 줄이고, 더 창의적인 방향으로 발전시킬 수 있다.

결국 콘텐츠의 힘은 '얼마나 잘 만들었는가'보다 '얼마나 꾸준히 이어가느냐'에 달려 있다. 작게 시작하고, 구조를 만들고, 필요할 때 AI를 활용한다면 일관성은 자연스럽게 유지될 것이다.

> ■ 질문하기
> ◎ 나는 지금까지 콘텐츠를 얼마나 꾸준히 올려왔는가?
> ◎ 내 브랜드 메시지를 강화하는 핵심 주제 3가지는 무엇인가?
> ◎ 내가 지치지 않고 지속할 수 있는 현실적인 콘텐츠 주기는 어느 정도인가?

♣ 실습 박스

AI 실습 프롬프트

> 나는 퍼스널 브랜드 콘텐츠 캘린더를 만들고 싶어.
> 내 브랜드 핵심 주제는 [예 자기계발, 커리어 성장, AI 활용]이고,
> 내가 운영하는 채널은 [예 인스타그램, 블로그]야.
> 현실적으로 가능한 주기는 [예 주 2회]야.
> 이 정보를 바탕으로
> 1) 4주간의 콘텐츠 캘린더를 표로 정리해주고,
> 2) 각 주제에 맞는 글/사진/영상 아이디어를 제안해줘.

AI가 제시한 결과를 그대로 쓰기보다, 내 톤앤매너와 메시지에 맞게 수정하는 것이 중요하다. 그 과정이 곧 나만의 브랜드 일관성을 만드는 훈련이 된다.

즉, 콘텐츠 캘린더는 단순한 일정표가 아니라 '신뢰의 루틴'이다. 일관된 반복이 쌓일 때, 비로소 당신의 브랜드는 세상에 깊이 각인된다.

◆ 콘텐츠 캘린더 워크시트

> **Step 1. 내 브랜드 핵심 주제 정의하기**
> 내가 꾸준히 다루고 싶은 브랜드 주제 3가지를 적어보세요.
> 1.
> 2.

3.
(예 자기계발 / 커리어 성장 / AI 활용법)

Step 2. 나의 콘텐츠 주기 설정하기
◎ 현실적으로 내가 지속할 수 있는 주기를 정해보세요.
주기: _____
(예 주 2회 / 주 3회 / 매일 아침 짧은 글)

◎ 내가 가장 편하게 글을 쓰거나 콘텐츠를 올릴 수 있는 요일·시간은?
→ _____

Step 3. 4주 콘텐츠 캘린더 작성하기
아래 빈칸에 직접 채워 넣으세요. (SNS, 블로그, 유튜브 등 원하는 채널별로 구분해도 좋습니다.)

Week 1
주제 1 : _____
아이디어 : _____
주제 2 : _____
아이디어 : _____

Week 2
주제 1 : _____
아이디어 : _____

주제 2 : _____
아이디어 : _____
Week 3
주제 1 : _____
아이디어 : _____
주제 2 : _____
아이디어 : _____
Week 4
주제 1 : _____
아이디어 : _____
주제 2 : _____
아이디어 : _____

Step 4. 일관성 체크리스트

- 내가 설정한 톤앤매너(따뜻함, 전문성, 신뢰 등)가 콘텐츠에 드러나는가?
- 주제와 메시지가 브랜드 핵심과 일치하는가?
- 너무 무리하지 않고, 내가 꾸준히 실행할 수 있는 계획인가?

AI 실습 프롬프트

내 퍼스널 브랜드 주간 콘텐츠 캘린더를 만들어줘.

내 주제는 [예 자기계발, 커리어 성장, AI 활용]이고,

운영 채널은 [예 인스타그램, 블로그, 유튜브]야.

주 3회 업로드를 기준으로, 4주간 실행할 수 있는

콘텐츠 아이디어를 요일별로 제안해줘.

◈ 주간 콘텐츠 캘린더 (샘플)

요일	채널	주제	콘텐츠 아이디어	실행 여부 (V)
월	블로그 / SNS			☐
화	인스타그램 / 유튜브			☐
수	블로그 / 카드뉴스			☐
목	SNS 짧은 글 / LinkedIn			☐
금	유튜브 / 강연 후기			☐
토	개인 일상 공유			☐
일	리마인드 / 다짐 글			☐

☞ 사용 방법

■ 주제 : 내가 다루고 싶은 핵심 키워드(예 자기계발, 커리어 성장, AI 활용).

■ 콘텐츠 아이디어 : 해당 주제에 맞춰 글·사진·영상·카드뉴스 등을

기획.
■ 실행 여부 체크(□) : 실천한 날은 체크하여 꾸준함을 기록.

AI 실습 프롬프트

> 내 퍼스널 브랜드 월간 콘텐츠 플래너를 작성해줘.
> 내 브랜드 핵심 주제는 [예] 자기계발, 커리어 성장, AI 활용]이고,
> 운영 채널은 [예] 블로그, 인스타그램, 유튜브]야.
> 주 3회 업로드(월·수·금)를 기준으로 4주간의 콘텐츠 아이디어를 제안해주고. 표 형식으로 정리해줘.

◆ 월간 브랜딩 콘텐츠 플래너 (4주 샘플)

주차	요일	채널	주제	콘텐츠 아이디어	실행 여부 (V)
1주차	월	블로그			□
	수	인스타그램			□
	금	유튜브			□
1주차	월	블로그			□
	수	인스타그램			□
	금	유튜브			□
3주차	월	블로그			□
	수	인스타그램			□

	금	유튜브				☐
4주차	월	블로그				☐
	수	인스타그램				☐
	금	유튜브				☐

☞ 작성 가이드

■ 채널 : 본인이 주력하는 플랫폼(예 블로그, 인스타그램, 유튜브, LinkedIn 등).

■ 주제 : 브랜드 핵심 키워드(예 자기계발, AI 활용, 리더십, 일상 영감).

■ 콘텐츠 아이디어: 글, 사진, 카드뉴스, 짧은 영상 등 구체적 아이디어를 기입.

■ 실행 여부 (☐) : 실제 업로드했는지 체크.

5.4 오프라인 브랜딩 (강연·협업·네트워킹)

1) 왜 오프라인이 여전히 중요한가?

AI와 디지털 플랫폼이 우리의 일상을 지배하는 시대에도, 사람과 사람의 직접 만남은 여전히 강력하다. MIT 슬론 경영대학원 연구에 따르면, 비즈니스 관계의 70% 이상이 온라인이 아닌 오프라인 접점에서 깊어지고 유지된다고 한다.

즉, 온라인이 브랜드의 "첫인상"이라면, 오프라인은 그것을 "확증" 하는 무대다. 실제로 만났을 때 느껴지는 진정성, 태도, 태생적인 에너지는 어떤 AI도 대신할 수 없다.

2) 오프라인 표현의 3대 영역

① 강연 – 목소리로 설득하는 힘

강연은 나의 철학과 메시지를 가장 압축적으로 전달할 수 있는 자리다.

직장인 L씨의 사례를 보자. L씨는 사내 워크숍에서 자신이 맡아온 프로젝트 경험과 업무 노하우를 발표할 기회를 얻었다. 처음에는 동료들 앞에서 이야기하는 것이 부담스러웠지만, 그는 자신의 경험을 체계적으로 정리하고 발표하는 데 집중했다. 결과적으로 그 강연은 단순한 지식 전달을 넘어, '이 분야라면 L씨에게 물어보면 된다'는 인식을 사내에 심어주었다. 이후 동료와 후배들로부터 업무 자문을 요청받는 일이 잦아졌고, 자연스럽게 그는 조직 안에서 '사내 전문가'라는 브랜드를 갖게 되었다.

즉, 무대의 크기가 중요하지 않다. 작은 강연이라도 내가 가진 전문성을 목소리와 메시지로 전달하는 순간, 나의 브랜드는 한 걸음 더 단단해진다.

② 협업 - 나의 브랜드를 확장하는 방법
혼자만의 활동보다 다른 사람과의 협업은 브랜드를 빠르게 확장시킨다.

스타트업 대표 J씨는 비슷한 주제를 다루는 다른 강사와 공동 세미나를 열었다. 혼자 진행할 때보다 청중 규모가 크게 늘었고, 서로의 전문성이 보완되면서 세미나의 깊이와 다양성이 더해졌다. 무엇보다 협업을 통해 기존에 닿지 못했던 새로운 팔로워층까지 확보할 수 있었다. 이 경험은 J씨가 '열린 협업형 리더'라는 브랜드 이미지를 굳히는 계기가 되었다.
이렇게 협업 무대는 단순한 이벤트가 아니라, 새로운 기회와 확장된 네트워크를 만드는 브랜드 전략이 될 수 있다.

③ 네트워킹 - 관계의 씨앗 뿌리기
네트워킹은 브랜드를 단단히 지탱하는 토양이다. 단순히 명함을 교환하는 자리가 아니라, 상대의 관심을 진심으로 경청하고 내 메시

지를 짧게 각인시키는 자리다.

마당발로 소문난 마케팅업체 대표 K는 지역 내 중소기업 대표들이 모이는 정기 모임과 CEO 대상 특강, 각종 교육 프로그램에 꾸준히 참석했다. 그는 단순히 참가자로 머무르지 않고, 짧은 자기소개와 적극적인 질문으로 존재감을 드러냈다. 시간이 지나자 지역 비즈니스 생태계 안에서 "어디서든 보이는 친근한 전문가"라는 이미지를 얻게 되었고, 이는 곧 협업 기회와 신규 고객으로 이어졌다.

꾸준한 네트워킹은 단발적 이벤트가 아니라, 나의 브랜드를 키우는 장기적 투자다.

> ■ 오프라인 브랜딩의 체크리스트
> ◎ 협업을 통해 새로운 영역으로 브랜드를 확장하고 있는가?
> ◎ 네트워킹 자리에서 나를 한 문장으로 소개할 수 있는가?
> ◎ 나는 최근 6개월 동안 어떤 오프라인 무대(강연, 발표, 협업, 네트워킹)에 섰는가?
> ◎ 오프라인에서 사람들에게 남기고 싶은 인상은 무엇인가?
> ◎ 강연·협업·네트워킹 중 나에게 가장 자연스럽고 즐거운 방식은 무엇인가?

♣ 실습 박스

AI 실습 프롬프트

> 내 퍼스널 브랜드를 오프라인에서 표현하려고 해.
> 내가 주로 할 수 있는 활동은 [예 강연, 협업, 네트워킹]이고,
> 내 브랜드 핵심 메시지는 [예 신뢰, 따뜻함, 전문성]이야.
> 이 정보를 바탕으로
> 1) 강연 주제 3가지,
> 2) 협업할 수 있는 파트너 유형 2가지,
> 3) 네트워킹 자리에서 쓸 수 있는 1분 자기소개를 만들어줘.

◆ 오프라인 표현 워크시트

Step 1. 나의 오프라인 활동 점검

최근 6개월 동안 내가 경험한 오프라인 활동을 적어보세요.

◎ 내가 참여한 강연/발표 :
_____

◎ 내가 참여한 협업 프로젝트 :
_____

◎ 내가 참석한 네트워킹 모임 :
_____

이 활동들 속에서 나는 어떤 인상을 남겼는가?
→ _____

Step 2. 강연 준비하기

내 브랜드를 드러낼 수 있는 강연 주제를 3가지 적어보세요.

1. _____

2. _____

3. _____

내가 청중에게 전달하고 싶은 핵심 메시지는 무엇인가?
→ _____

Step 3. 협업 아이디어 구상

나의 브랜드를 확장할 수 있는 협업 아이디어를 작성해보세요. 함께하면 시너지가 날 수 있는 파트너 유형 (예 디자이너, 교육자, 콘텐츠 크리에이터) :

1. _____

2. _____

◎ 내가 협업을 통해 이루고 싶은 목표:
→ _____

Step 4. 네트워킹 자기소개 준비

네트워킹 자리에서 1분 안에 나를 표현할 수 있는 자기소개를 적어보세요.

◎ 나의 직무/전문성 :
_____

◎ 나의 핵심 강점 :
_____

◎ 내가 지향하는 브랜드 메시지 :
_____

1분 자기소개 완성 :
"안녕하세요, 저는 _____ 입니다.
저는 _____에 강점을 가지고 있으며,
앞으로 _____를 목표로 하고 있습니다."

이 워크시트를 채우면 독자는 자신의 강연 주제 → 협업 아이디어 → 네트워킹 자기소개까지 구체적으로 정리할 수 있게 된다. 또한 AI 실습 프롬프트를 활용하면 초안을 손쉽게 얻을 수 있으며, 이를 본인의 언어로 다듬어 완성도를 높일 수 있는 것이다.

5.5 시각 아이덴티티 – 눈으로 보여주는 나의 브랜드

퍼스널 브랜드는 말과 글로만 완성되지 않는다. 사람들은 나를 볼 때 이미 첫인상에서 많은 정보를 받아들인다. 따라서 "시각 아이덴티티(Visual Identity)"는 퍼스널 브랜드의 중요한 축이다. 시각 아이덴티티란 한마디로, 내가 세상에 어떻게 '보여지는가'를 설계하는 작업이다.

1) 시각 아이덴티티의 기본 구성 요소

가장 기본적인 요소는 로고(Logo)·컬러(Color)·폰트(Font)다. 단순히 기업만 로고가 필요한 것이 아니다. 자신의 이름 이니셜을 활용한 심플한 로고만 있어도, 그것은 나를 상징하는 "시각적 언어"가 된다.

AI를 활용하면 누구나 손쉽게 나만의 디자인을 만들 수 있다. 예를 들어,

* Canva : 로고·명함·SNS 템플릿을 쉽게 제작할 수 있는 대표 툴
* Looka / Hatchful by Shopify : AI가 이름과 업종을 입력하면 자동으로 로고 디자인을 제안
* AI Colors : 성격·브랜드 성향·이미지 키워드에 맞는 컬러 팔레트를 추천
* FontJoy / WhatFontIs : 내 브랜드에 어울리는 폰트 조합을 AI가 제안

이처럼 AI 디자인 툴은 전문 디자이너가 아니더라도 "브랜드의 첫인상"을 완성할 수 있게 돕는다.

예를 들어, 파란색은 신뢰를, 노란색은 창의성을, 검정은 전문성을 떠올리게 한다. 또 사용하는 글꼴 하나만으로도 성격이 드러난다. 명조체는 차분함을, 고딕체는 힘 있고 뚜렷한 느낌을 전달한다.

2) 프로필과 이미지의 일관성
시각 아이덴티티는 개인의 이미지와도 깊이 연결된다.
SNS나 명함에 들어가는 "프로필 사진은 일관되게 관리"하는 것이 좋다. 정장을 입고 찍을지, 편안한 캐주얼을 선택할지, 배경을 단색으로 할지에 따라 상대가 느끼는 인상은 크게 달라진다.

최근에는 AI를 활용해 자연스럽고 전문적인 이미지를 제작할 수 있다.

* Remini / StudioShot / Aragon AI : 얼굴 사진을 업로드하면 프로필용 AI 인물 사진을 생성
* D-ID / Synthesia : 자신이 직접 등장하지 않아도 영상 속 나를 구현해주는 아바타형 AI 영상 툴
* ChatGPT + DALL·E 3 : 특정 콘셉트(예 '신뢰감 있는 컨설턴트')를 시각화한 프로필 이미지 제작

이처럼 AI 툴을 활용하면 "자연스럽고 일관된 시각 이미지"를 유

지하면서도, 비용과 시간을 줄일 수 있다.

3) 콘텐츠의 비주얼 브랜딩

내가 만드는 콘텐츠의 비주얼 역시 브랜드 아이덴티티의 일부다.

블로그 카드뉴스, 유튜브 썸네일, 프레젠테이션 디자인 등 모든 시각 요소가 '나답다'는 일관된 톤앤매너를 가져야 한다.

이를 위해 다음과 같은 AI 도구들이 유용하다.

목적	추천 AI Tool	활용 방식
썸네일 / 포스터	Canva Magic Studio, Adobe Express	주제 입력 시 자동으로 디자인 제안
영상 톤 관리	Runway ML, Pika Labs	영상 색감·조명 톤을 자동 보정
카드뉴스 제작	Gamma, Tome AI	텍스트 입력만으로 카드형 콘텐츠 자동 생성
슬라이드 디자인	Beautiful.ai, Gamma	발표 자료의 레이아웃과 색상을 자동 정렬

이 도구들을 활용하면 콘텐츠 전체에 통일된 "시각적 브랜드 언어"를 구축할 수 있다. AI TOOL을 사용하는 프롬프트 실습은 별첨 부록을 참조하기 바란다.

4) 오프라인까지 확장되는 시각 아이덴티티

시각 아이덴티티는 온라인에만 머무르지 않는다.

명함 하나, 브로슈어 한 장, 강연장의 슬라이드 디자인, 심지어 사무실 인테리어나 사용하는 소품까지 모두 브랜드의 일관된 인상을 만들어낸다.

디지털 공간에서는 SNS 프로필·배너·개인 홈페이지·이메일 서명 등이 모두 시각 아이덴티티의 연장선이다.

이때 AI 디자인 어시스턴트(Copilot for Canva, Adobe Firefly)를 이용하면, 하나의 컬러·폰트 규칙을 기반으로 전체 브랜딩 요소를 자동으로 통합 관리할 수 있다.

5) 결론 – 시각은 곧 신뢰다

결국 시각 아이덴티티는 단순한 꾸밈이 아니라, "나라는 사람을 시각적으로 설명하는 언어"다.

색(Color)·글꼴(Font)·이미지(Image)·레이아웃(Layout)·심볼(Symbol)이 유기적으로 연결될 때, 사람들은 나를 쉽게 기억하고 신뢰하게 된다.

AI 시대의 시각 아이덴티티는 기술이 아니라 "감정과 정체성의 언어"다.

AI 도구는 나를 대신 표현하는 '손'일 뿐, "브랜드의 중심은 여전히 나 자신"임을 잊지 말아야 한다.

폴 랜드(Paul Rand, 그래픽 디자이너)가 말했듯,

"당신의 시각 언어가 곧 당신의 브랜드다."이 문장은 AI 시대에도 여전히 유효한 진리다. 그러므로 우리는 자신의 시각 언어를 '전략적

으로 설계해야 한다'.

> ■ 질문하기
> ◎ 나를 상징할 수 있는 로고나 심볼은 무엇인가?
>   (이니셜, 아이콘, 서명 등)
> ◎ 내 브랜드와 가장 어울리는 컬러 1~2개는 무엇인가?
> ◎ 나의 브랜드를 설명하는 한 문장 슬로건은 무엇인가?

> ◆ 체크리스트: 나의 시각 아이덴티티 기본 점검
> 1. 프로필 사진
> ☐ 여러 채널(명함, SNS, 블로그, 메신저)에서 같은 프로필 사진을 사용하고 있는가?
> ☐ 사진에서 내가 전달하고 싶은 인상(신뢰감, 친근함, 전문성 등)이 드러나는가?
>
> 2. 색상(컬러)
> ☐ 나를 표현할 수 있는 대표 색상 1~2개를 정했는가?
> ☐ PPT, 명함, 카드뉴스 등에 같은 색상을 반복해서 쓰고 있는가?
> 3. 글꼴(폰트)
> ☐ 발표자료·이력서·SNS 카드뉴스 등에서 통일된 글꼴을 쓰고 있는가?

☐ 글꼴이 내 이미지(차분함·창의적·따뜻함 등)와 어울리는가?

4. 콘텐츠 이미지
☐ 내가 올리는 사진·영상·글의 스타일이 일정한가?
☐ 너무 뒤죽박죽이 아니라, "아 이건 그 사람 콘텐츠네" 하고 느낄 수 있는가?

5. 일관성
☐ 온라인(블로그·SNS)과 오프라인(명함·발표자료)에서 톤과 스타일이 비슷한가?
☐ 보는 사람이 "이건 당신답다"라고 말할 수 있을 정도로 반복되는 특징이 있는가?

◎ 활용 팁
* 처음부터 완벽할 필요는 없다. "사진·색상·글꼴" 3가지만 통일해도 충분히 강력하다.
* 시간이 없으면, 내 SNS 프로필 사진과 이력서 사진부터 똑같이 맞추는 것부터 시작해도 된다.

♣ 실습 박스

AI 실습 프롬프트

> 나는 [직장인/프리랜서/창업가]이고, 나의 브랜드 키워드는 [예 신뢰, 혁신, 따뜻함]이야.
> 내 퍼스널 브랜드의 시각 아이덴티티를 만들고 싶어.
> 이 정보를 바탕으로
> 1) 로고 아이디어 3가지(이니셜/심볼 기반),
> 2) 브랜드 컬러 추천 2가지와 의미 설명,
> 3) 나를 표현하는 한 줄 슬로건 제안 3가지를 제시해줘.

정리하면, 시각 아이덴티티는 브랜드의 얼굴이다. 로고는 서명, 컬러는 감정, 슬로건은 언어로서 나를 표현한다. 이 세 가지를 명확히 정리하면, AI 시대에도 사람들은 당신을 한눈에 기억할 수 있다.

◆ 시각 아이덴티티 워크시트

Step 1. 나의 로고 구상하기

나를 상징할 수 있는 심볼이나 서명을 떠올려 보세요.

◎ 내 이름/이니셜을 활용한 로고 아이디어 :
→ _____

◎ 내가 좋아하는 심볼(아이콘, 도형, 동물, 자연 등) :
→ _____

◎ 로고를 통해 전달하고 싶은 느낌 :

→ _____

(예 단순함 / 전문성 / 따뜻함 / 창의성)

Step 2. 나의 브랜드 컬러 찾기

내가 전달하고 싶은 브랜드 이미지와 가장 잘 맞는 색상을 정해 보세요.

◎ 내가 떠올리는 브랜드 컬러 1: _____

→ 이 색상이 주는 의미: _____

(예 파랑 = 신뢰 / 초록 = 균형 / 노랑 = 활기)

◎ 내가 떠올리는 브랜드 컬러 2: _____

→ 이 색상이 주는 의미: _____

두 색상을 함께 사용할 경우 조합이 잘 어울리는가?

→ _____

Step 3. 나의 브랜드 슬로건 만들기

내 철학과 메시지를 한 문장으로 요약해 보세요.

◎ 내가 전달하고 싶은 핵심 메시지 키워드 3개:

① _____ ② _____ ③ _____

그 키워드를 조합한 슬로건 초안:

→ _____

▶ 예시:

"AI 시대, 인간다움을 코칭하다"

"데이터를 따뜻하게 해석하는 전문가"
"작은 습관이 큰 성장을 만든다"

Step 4. 시각 아이덴티티 점검하기
· 로고, 컬러, 슬로건이 내 철학과 연결되는가?
· 세 가지 요소가 일관성 있게 보이는가?
· 상대방이 한눈에 이해하고 기억할 수 있는가?

5.6 네트워크 확산 전략

1) 왜 네트워크가 중요한가?

퍼스널 브랜드는 혼자 만드는 것이 아니다. 사람들과의 연결망 속에서 전파되고 강화된다.

스탠퍼드대 연구에 따르면, 경력 성공의 80%는 '개인의 능력'보다 '관계와 네트워크'에서 비롯된다고 한다. AI 시대일수록 네트워크는 단순한 인맥이 아니라, 브랜드를 확산시키는 플랫폼이 된다.

2) 네트워크 확산의 3단계 전략

⑴ 1차 네트워크: 가까운 사람들에게 각인

가족, 친구, 동료 등 가장 가까운 사람들에게 내가 어떤 브랜드인지 명확히 알린다.

예 "나는 AI 활용 강연 전문가야."라는 메시지를 반복적으로 전달하면, 주변이 나를 그렇게 소개해주기 시작한다.

⑵ 2차 네트워크: 협업과 추천을 통한 확산

강연, 세미나, 프로젝트 협업을 통해 새로운 사람들에게 브랜드를 노출한다.

추천과 소개는 강력한 확산 도구다. 한 사람의 입소문이 10명, 100명에게 연결될 수 있다.

⑶ 3차 네트워크: 온라인 확산

SNS, 블로그, 유튜브 등에서 콘텐츠를 발행해 내가 직접 만나지 못한 수천 명에게 메시지를 전한다. 단순한 홍보가 아니라, 브랜드 핵심 키워드를 반복적으로 각인시키는 콘텐츠 전략이 중요하다.

지금은 많은 사람들에게 알려진 충주맨(충주시 김선태 주무관)이 대표작 사례다.

충주시를 유튜브에서 홍보하기 시작하면서, 그는 단순한 공무원을 넘어 '충주맨'이라는 새로운 브랜드로 불리게 되었다. 이 과정은 네트워크 확산의 3단계 전략을 그대로 보여준다.

① 1차 네트워크: 가까운 사람들에게 각인

처음에는 가족, 동료 공무원, 지인들에게 자신을 "충주를 알리는 사람"으로 꾸준히 소개했다. 주변은 그를 단순한 직장인이 아니라, 지역 홍보대사 같은 인물로 인식하기 시작했다. 가까운 관계에서 브랜드가 각인된 것이다.

② 2차 네트워크: 협업과 추천을 통한 확산

그는 충주시 행사와 지역 기업 협업, 각종 인터뷰 자리에 꾸준히 참여했다. 이 과정에서 지역 대표나 기관이 그를 소개하고 추천하면서, '충주를 대표하는 크리에이터'라는 이미지가 형성되었다. 협업과 입소문은 브랜드 확산의 강력한 도구가 되었다.

③ 3차 네트워크: 온라인 확산

유튜브와 SNS에서 충주 관련 콘텐츠를 지속적으로 발행하면서 그는 전국적으로 알려지게 되었다. 단순한 충주 소식 전달을 넘어, "지역을 콘텐츠로 브랜딩한 대표 사례"로 자리매김했다. 온라인 네트워크가 없었다면 그의 브랜드는 충주를 넘어 전국으로 확산되기 어려웠을 것이다. 결국 충주맨은 가까운 사람들에게 각인 → 협업을 통한 확산 → 온라인 전국 확산이라는 3단계를 거치며, 개인 브랜드와 지역 브랜드를 동시에 강화한 사례가 되었다.

■ 질문하기
◎ 내 주변 사람들은 나를 어떤 사람으로 소개하고 있는가?
◎ 최근 내가 참여한 협업 활동은 무엇인가? 그것이 내 브랜드 확산에 어떻게 기여했는가?
◎ 내가 온라인에서 가장 잘 활용할 수 있는 네트워크 채널은 무엇인가?

♣ 실습 박스

AI 실습 프롬프트

> 내 퍼스널 브랜드 네트워크 확산 전략을 세우고 싶어.
> 내 브랜드 키워드는 [예 혁신, 신뢰, 따뜻함]이고,
> 내가 주로 활동하는 채널은 [예 강연, LinkedIn, 유튜브]야.
> 이 정보를 바탕으로
> 1) 1차 네트워크(가까운 사람들)에게 각인시킬 방법,
> 2) 2차 네트워크(협업·추천)를 활용한 확산 전략,
> 3) 3차 네트워크(온라인 콘텐츠)에서 실행할 아이디어를 제안해줘.

즉, 퍼스널 브랜드는 나 혼자의 목소리가 아니라, 네트워크 속에서 증폭될 때 비로소 힘을 가진다. 가까운 사람들의 입소문 → 협업과 추천 → 온라인 콘텐츠 확산이 브랜드 영향력을 기하급수적으로 키운다.

◆ 네트워크 확산 전략 워크시트

Step 1. 1차 네트워크 (가까운 사람들)

가족, 친구, 동료 등 가장 가까운 사람들에게 내가 어떤 브랜드인지 각인시키기.

◎ 내 브랜드를 한 문장으로 표현한다면?

→ _____

◎ 내가 주변 사람들에게 반복해서 전달해야 할 메시지는?

→ _____

◎ 나를 대신 소개할 때 사람들이 사용했으면 하는 단어는?
→ _____

Step 2. 2차 네트워크 (협업과 추천)

새로운 관계를 만들고, 협업이나 추천으로 브랜드를 확산시키기.

◎ 내가 현재 참여할 수 있는 협업 기회는?
→ _____

◎ 나의 브랜드를 다른 사람에게 소개해줄 수 있는 파트너는 누구인가?
→ _____

◎ 내가 협업을 통해 전달하고 싶은 브랜드 이미지는?
→ _____

Step 3. 3차 네트워크 (온라인 확산)

온라인 콘텐츠로 직접 만나지 못한 사람들에게 브랜드 메시지를 퍼뜨리기.

◎ 내가 주력으로 활용할 채널은? (SNS, 블로그, 유튜브 등)
→ _____

◎ 내 브랜드 키워드를 드러낼 수 있는 콘텐츠 주제 3가지:
① _____
② _____
③ _____

◎내가 실행할 온라인 활동 루틴(주기):
→ _____

Step 4. 네트워크 확산 점검 체크리스트
· 가까운 사람들이 나를 원하는 키워드로 소개하는가?
· 협업과 추천을 통해 새로운 청중에게 노출되고 있는가?
· 온라인 콘텐츠가 내 브랜드 메시지를 일관되게 전달하고 있는가?

5.7 사례 : 성공한 브랜드와 콘텐츠 실행 전략 (프리랜서·창업가·기업 대표)

1) 프리랜서 성공기 – 브랜드 정리로 기회를 확장하다

M씨는 프리랜서 마케터였다. 처음에는 SNS에 다양한 글을 무작위로 올리며 활동했지만, 피드백을 들어보니 사람들은 그를 "가볍지만 재미있는 사람" 정도로만 인식하고 있었다. 자신의 전문성이 충분히 드러나지 않는다는 사실을 깨달은 그는 브랜드 방향을 다시 설정하기로 결심했다.

그가 선택한 정체성은 "소상공인을 돕는 마케팅 전략가"였다. 이를 기반으로 그는 SNS 프로필과 포트폴리오를 모두 '전략적 실행'이라는 메시지로 일관되게 정리했다. 또한 매주 한 번씩 실제 고객 사례를 분석한 콘텐츠를 꾸준히 업로드하며, 자신이 단순한 이야기꾼이 아니라 실행력을 갖춘 전문가임을 보여주었다.

그 결과는 눈에 띄게 달라졌다. 6개월 만에 강연 요청이 늘어나고 새로운 프로젝트 제안도 이어졌다. 자연스럽게 수입도 이전보다 1.7배 상승하며, 그의 브랜드는 프리랜서로서 확실한 경쟁력을 가지게 되었다.

이 사례가 주는 교훈은 분명하다. 프리랜서에게 가장 중요한 것은 자신의 강점을 드러내는 명확한 키워드와 콘텐츠의 일관성이다. 이것이 곧 브랜드 확산의 열쇠이자, 기회를 확장하는 시작점이 된다.

2) 창업가 성공기 – 브랜드 갱신으로 투자 유치에 성공하다

K씨는 AI 솔루션 스타트업의 창업가였다. 그는 스스로를 '혁신적인 창업가'라고 생각했지만, 투자자와 동료들로부터 받은 피드백은 달랐다. 그들은 "기술은 뛰어나지만 너무 기술 중심적이고 안정성이 부족하다"라는 인식을 갖고 있었다. 이 괴리를 깨달은 K씨는 자신의 브랜드를 다시 점검하고, 방향을 "안정 속의 혁신"으로 재정립했다.

그가 실행한 전략은 명확했다. 우선 IR 피칭 자료에서는 기술적 혁신만을 내세우지 않고, 안정적인 운영 성과와 팀의 신뢰도를 강조했다. 또한 브랜드 키워드를 '혁신+신뢰'로 정하고, 사내 뉴스레터와 블로그, SNS 등 모든 채널에서 일관되게 사용하며 메시지를 강화했다.

그 결과는 뚜렷했다. 투자자들의 인식은 "위험한 기술 스타트업"에서 "믿을 수 있는 혁신가"로 전환되었고, 결국 다음 라운드에서 10억 원 규모의 시리즈A 투자 유치에 성공할 수 있었다.

이 사례가 보여주는 교훈은 "브랜드는 내가 생각하는 이미지가 아니라, 시장과 투자자가 인식하는 이미지다."라는 것이다.

3) 기업 대표 성공기 – 브랜드 진단으로 조직 전체를 성장시키다

김 대표는 20명 규모의 교육 기업을 운영하고 있었다. 하지만 외부에서 이 회사를 바라보는 시선은 단순했다. "강의만 하는 중소 교육 업체"라는 인식이 주를 이루었던 것이다. 그는 이 한계를 뛰어넘기 위해 브랜드 진단 워크숍을 진행했고, 그 과정에서 회사의 정체성을 "변화를 이끄는 조직 학습 파트너"로 새롭게 정의했다.

실행 전략도 구체적이었다. 우선 사내 강사들의 프로필 사진과 슬로건을 통일해 브랜드의 일관성을 강화했다. 또한 교육이 끝난 후 고객으로부터 받은 피드백을 적극적으로 수집해, 이를 홈페이지와 홍보 자료에 스토리텔링 방식으로 반영했다. 단순한 교육 제공자가 아니라, 변화를 만들어내는 동반자라는 메시지를 담기 위해서였다.

성과는 분명했다. 1년 만에 회사는 대기업의 공식 교육 파트너로 선정되었고, 매출은 2.3배 성장했다. 무엇보다 내부 강사들이 스스로의 브랜드를 다시 정립하면서 조직 전체의 자신감과 에너지가 크게 높아졌다.

이 사례가 주는 교훈은 명확하다. 기업 대표는 브랜드 진단을 개인 차원에서 멈추지 말고 조직 차원으로 확장해야 한다. 그럴 때 비로소 회사의 브랜드는 한 단계 도약하며, 조직 전체가 함께 성장할 수 있다.

프리랜서·창업가·기업 대표라는 서로 다른 위치에 있지만, 세 사람 모두 "브랜드 진단 → 피드백 반영 → 실행"의 과정을 거쳐 성과를 냈다. 프리랜서는 키워드 정리를 통해 프로젝트 기회를 확장했고, 창업가는 신뢰 메시지 보완으로 투자 유치에 성공했으며, 기업 대표는 조직 차원의 일관성 강화로 시장에서 입지를 넓혔다.

결국 퍼스널 브랜드는 말이 아니라, 진단과 실행을 반복하며 성장시키는 과정이다.

4) 콘텐츠 실행 전략

브랜드는 머릿속의 "생각"으로만 존재하지 않는다. 그것이 실제 행동으로 이어질 때 비로소 현실이 된다. 심리학자 "에드윈 로크(Edwin Locke)"는 목표설정 이론에서 "구체적인 목표와 실행 계획을 가진 사람은 그렇지 않은 사람보다 성과가 두 배 이상 높다"고 강조한 바 있다. 이는 퍼스널 브랜드에도 그대로 적용된다. 브랜드는 진단과 설계에서 멈춰서는 안 된다. 반드시 실행 플랜 → 피드백 → 조정이라는 순환 구조를 만들어야만 성장할 수 있다.

효과적인 실행을 위해서는 세 가지 요소를 기억해야 한다.

첫째, 구체성이다. "나를 알린다"라는 추상적인 다짐이 아니라, "매주 블로그 글 한 편을 쓰고, 3개월간 총 12편을 발행한다"처럼 구체적인 목표를 설정해야 한다.

둘째, 측정 가능성이다. 목표는 반드시 숫자와 행동 단위로 기록할 수 있어야 한다. 그래야만 성과를 객관적으로 확인하고 점검할 수 있다.

셋째, 지속 가능성이다. 단기간에 불꽃처럼 타올랐다 사라지는 것이 아니라, 꾸준히 이어갈 수 있는 수준으로 계획해야 한다. 하루 10시간씩 무리하다가 한 달 만에 포기하는 것보다, 하루 30분이라도 꾸준히 이어가는 것이 훨씬 더 큰 브랜드 자산을 쌓는다.

결국 퍼스널 브랜드는 "생각"이 아니라 "실행" 속에서 다져진다. 구체적이고, 측정 가능하며, 지속 가능한 작은 행동들이 모여 브랜드라는 거대한 나무를 성장시켜 나간다는 사실을 잊지 말아야 한다.

> ■ 질문하기
>
> 나의 실행 플랜 점검을 위해 아래 질문을 스스로에게 던져보자.
> ◎ 내 브랜드 핵심 키워드 3개는 무엇인가?
> ◎ 그 키워드를 사람들에게 각인시키기 위해 이번 달에 할 수 있는 행동은 무엇인가?
> ◎ 오프라인 활동(강연·네트워킹·협업) 중 내가 반드시 실천해야 할 것은 무엇인가?
> ◎ 온라인 활동(콘텐츠·SNS·프로필 관리)에서 내가 집중할 것은 무엇인가?
> ◎ 3개월 후, 나는 어떤 모습으로 평가받고 싶은가?

♣ 실습 박스

AI 실습 프롬프트

> 나는 퍼스널 브랜드 실행 플랜을 세우고 싶어.
> 내 브랜드 키워드는 [예 신뢰, 혁신, 따뜻함]이고,
> 내 활동 영역은 [예 강연, SNS, 블로그]야.
> 이 정보를 바탕으로
> 1) 1개월 실행 플랜 (주 단위 활동)
> 2) 3개월 실행 목표 (성과 지표 포함)
> 3) 실행 후 점검 방법 (자기 평가 & 타인 피드백)을 워크북 형식으로 제안해줘.

◆ 실행 플랜 워크북 (빈칸 작성)

기간	실행 목표	구체적 실행 계획	성과지표 점검방법
1주차	_____	_____	
2주차	_____	_____	
3주차	_____	_____	
4주차	_____	_____	
2개월 차	_____	_____	
3개월 차	_____	_____	

5) 실행 플랜 성공의 핵심

■ 작게 시작하기 : 처음부터 완벽을 목표로 하지 말 것.

■ 기록하기 : 실행 과정을 기록하면 브랜드 성장 과정을 스스로 확인할 수 있다.

■ 피드백 받기 : 동료·멘토·AI에게 정기적으로 점검받아야 한다.

결국 브랜드를 완성시키는 핵심은 실행 플랜에 있다. 앞에서 배운 모든 도구(키워드, 스토리, 네트워크, 시각 아이덴티티)를 실행 플랜 속에 녹여내야 한다. 그리고 AI를 활용하면 복잡한 계획도 손쉽게 체계화할 수 있다.

Part 4.
브랜드 관리와 확장 전략

제6장 관리와 확장 – 브랜드의 성장 루틴

    6.1 퍼스널 브랜드 점검표 & 평가표
    6.2 피드백 분석과 인사이트 정리
    6.3 리브랜딩 전략과 시기
    6.4 브랜드 확장– 새로운 기회와 전환
    6.5 새로운 수익 모델(강연·출판·교육·사업화)
    6.6 사례: 브랜드 확장 성공기
    6.7 브랜드 성장·확장 6개월 플랜

제6장 관리와 확장 - 브랜드의 성장 루틴

핵심 인사이트
- 협업과 파트너십을 통해 브랜드 영향력을 확장하는 방법을 배운다.
- 강연·출판·교육·사업화로 연결되는 수익 모델을 설계할 수 있다.
- 리브랜딩이 필요한 시기를 인식하고, 변화 전략을 적용할 수 있다.
- 브랜드를 단순 이미지가 아닌 지속 가능한 자산으로 성장시킬 수 있다.

6.1 퍼스널 브랜드 점검표 & 평가표

1) 왜 점검표가 필요한가?

퍼스널 브랜드는 한 번 만들면 끝나는 것이 아니라 지속적으로 관리하고 조정해야 하는 자산이다. 시간이 지나면서 내가 전달하는 메시지와 사람들이 받아들이는 이미지 사이에 간극이 생길 수 있다.

온라인과 오프라인에서의 일관성이 흔들리면 브랜드 신뢰도가 떨어진다.

AI 시대에는 데이터와 피드백이 빠르게 축적되므로, 정기적인 점검 없이는 브랜드 방향성을 잃기 쉽다. 따라서 정기적으로 자기 브랜드를 점검하고 평가해야만 장기적인 성장과 확장이 가능하다.

2) 퍼스널 브랜드 점검 5대 영역

① 핵심 메시지

나는 나의 브랜드를 한 문장으로 설명할 수 있는가?

사람들이 그 문장을 나와 연결해서 기억하는가?

② 시각 아이덴티티

프로필 사진, 로고, 컬러, 슬로건이 일관성을 유지하고 있는가?

최신 트렌드와 내 철학을 동시에 반영하고 있는가?

③ 콘텐츠 & 온라인 활동

내가 운영하는 채널(블로그, SNS, 유튜브 등)에 정기적으로 콘텐츠가 업로드 되고 있는가?

콘텐츠가 내 브랜드 키워드와 맞는 방향으로 발행되는가?

④ 네트워크 & 오프라인 활동

강연, 협업, 네트워킹 자리에서 내 브랜드를 자연스럽게 드러내고 있는가?

사람들이 나를 어떤 사람으로 소개하는지 점검했는가?

⑤ 피드백 & 확장성

주변 사람들에게 내 브랜드에 대한 피드백을 정기적으로 받고 있는가?

내 브랜드가 현재보다 더 넓은 영역(새로운 분야, 다른 세대)으로 확장될 가능성이 있는가?

■ 질문하기

◎ 지금 내 브랜드는 내가 원하는 방향과 타인의 인식이 일치하는가?

◎ 나는 주기적으로 내 브랜드의 시각·메시지·콘텐츠를 점검하고 있는가?

◎ 내 브랜드가 앞으로 확장될 수 있는 영역은 어디인가?

♣ 실습 박스

AI 실습 프롬프트

> 내 퍼스널 브랜드 점검표 결과를 바탕으로 실행 전략을 세우고 싶어.
> 내 점수는 [예: 32점]이고, 가장 낮은 항목은 [예: 네트워크 활동]이야.
> 이 정보를 바탕으로
> 1) 개선해야 할 핵심 영역 2가지,
> 2) 구체적 보완 실행 전략,
> 3) 3개월 내 달성할 수 있는 성과 목표를 제안해줘.

정리하면, 퍼스널 브랜드 점검표 & 평가표는 나의 브랜드를 객관적으로 진단하는 도구다. 이 과정을 통해 강점과 약점을 파악하고, 향후 실행 전략을 세울 수 있다.

◆ 퍼스널 브랜드 점검표 & 평가표 (워크북)

Step 1. 핵심 메시지 점검

◎ 나의 브랜드를 한 문장으로 정의해 보세요:
→ _____

◎ 사람들이 나를 떠올릴 때 함께 기억했으면 하는 문장은?
→ _____

점수 (1~5) : ☐ 1 ☐ 2 ☐ 3 ☐ 4 ☐ 5

Step 2. 시각 아이덴티티 점검

◎ 내 프로필 사진, 로고, 컬러, 슬로건이 일관되게 쓰이고 있는가?

→ 예 / 아니오 (설명: _____)

◎ 이 시각 요소들이 내 철학과 메시지를 잘 반영하는가?

→ 예 / 아니오 (설명: _____)

점수 (1~5) : ☐ 1 ☐ 2 ☐ 3 ☐ 4 ☐ 5

Step 3. 콘텐츠 & 온라인 활동 점검

◎ 내가 운영하는 채널은 정기적으로 업데이트 되고 있는가?

→ 예 / 아니오 (설명: _____)

◎ 내가 발행하는 콘텐츠는 브랜드 키워드와 연결되는가?

→ 예 / 아니오 (설명: _____)

점수 (1~5) : ☐ 1 ☐ 2 ☐ 3 ☐ 4 ☐ 5

Step 4. 네트워크 & 오프라인 활동 점검

◎ 오프라인 네트워킹(강연, 모임 등)에서 내 브랜드가 드러나는가?

→ 예 / 아니오 (설명: _____)

◎ 사람들이 나를 원하는 방식으로 소개하고 있는가?

→ 예 / 아니오 (설명: _____)

점수 (1~5) : ☐ 1 ☐ 2 ☐ 3 ☐ 4 ☐ 5

Step 5. 피드백 & 확장성 점검

◎ 나는 주기적으로 피드백을 받고 브랜드를 수정하는가?
→ 예 / 아니오 (설명: _____)
◎ 내 브랜드는 앞으로 새로운 분야로 확장 가능성이 있는가?
→ 예 / 아니오 (설명: _____)
점수 (1~5) : ☐ 1 ☐ 2 ☐ 3 ☐ 4 ☐ 5

Step 6. 총점 & 해석

총점 (최대 50점): _____ 점

해석 가이드

40점 이상: 브랜드가 안정적이며 확장 가능성도 높음.

30~39점: 기본은 갖췄으나 보완 필요.

29점 이하: 브랜드 핵심 메시지와 일관성을 다시 정립해야 함.

Step 7. 개선 포인트 정리

◎ 내가 가장 낮은 점수를 준 영역은?
→ _____
◎ 이 영역을 보완하기 위해 실행할 행동 2가지는?
① _____
② _____

6.2 피드백 분석과 인사이트 정리

1) 왜 피드백 분석이 중요한가?

퍼스널 브랜드는 '내가 생각하는 나'만으로 완성되지 않는다. 타인의 인식과 경험이 더해져야 비로소 브랜드가 된다.

하버드 비즈니스 리뷰에 실린 연구에 따르면, 성공한 리더일수록 자기평가보다 타인의 피드백을 더 자주 수집하고, 이를 바탕으로 행동을 수정한다.

피드백 분석은 단순히 듣는 데서 멈추지 않고, 패턴을 읽고 실행 인사이트로 바꾸는 과정이다.

2) 피드백 수집 채널

(1) 직접 피드백 : 동료, 친구, 멘토에게 "나를 세 단어로 표현한다면?" 물어보기.

(2) 간접 피드백 : SNS 반응, 고객 후기, 강연 후 설문, 온라인 댓글

(3) 데이터 기반 피드백 : 이제는 AI 분석 툴을 활용해 데이터를 근거로 한 인식을 파악할 수 있으며 대표적으로 사용하는 AI툴은 다음과 같다.

① Google Analytics 4 (GA4): 블로그나 웹사이트 방문자가 어떤 글을 가장 오래 읽었는지, 어떤 페이지에서 이탈했는지 등을 데이터로 보여준다.

② Social Blade : 유튜브, 인스타그램, 트위터 같은 채널의 구독자 변화, 조회 수, 참여율을 분석해준다.
③ BuzzSumo : 어떤 콘텐츠가 가장 많이 공유되었는지, 어떤 키워드가 주목받는지를 파악할 수 있다.
④ ChatGPT + 스프레드시트 분석 : 댓글, 후기, 키워드를 모아 AI에게 요약·분류를 요청하면, 사람들이 반복적으로 언급하는 나의 특징과 강점을 빠르게 파악할 수 있다.

이처럼 AI 분석 툴을 활용하면 단순한 감각이나 추측이 아니라, 숫자와 데이터에 기반한 브랜드 피드백을 얻을 수 있다. 결국 이는 더 정교한 브랜드 개선 전략으로 이어진다.

3) 피드백 분석 방법

피드백을 받는 것만으로는 충분하지 않다. 그것을 어떻게 분석하고 해석하느냐가 브랜드 성장을 좌우한다. 효과적인 분석에는 세 가지 접근이 필요하다.

첫째, 반복되는 키워드를 찾는 것이다. 여러 사람에게서 공통적으로 등장하는 단어는 나의 핵심 이미지를 보여준다. 예를 들어, "신뢰감 있다"라는 말이 반복된다면, 나의 브랜드는 자연스럽게 신뢰와 연결되어 있다는 뜻이다. 반대로 "에너지가 넘친다"라는 피드백이 자주 나오면, 활력 있는 이미지가 이미 브랜드에 각인된 것이다.

둘째, 긍정과 부정 패턴을 구분하는 것이다. 긍정적인 피드백은 나의 강점이므로 더 강화해야 한다. 예를 들어, "발표가 설득력 있다"라는 반응은 곧 '전문성'을 핵심 브랜드로 발전시킬 수 있는 기반이다. 반면 부정적인 피드백은 단점이 아니라 보완 포인트로 활용해야 한다. "너무 바빠 보여서 접근하기 어렵다"라는 평가는 단순한 비판이 아니라, '친근함'을 더하면 브랜드가 한층 완성될 수 있다는 신호다.

셋째, 기대와 실제의 차이를 확인하는 것이다. 내가 원하는 브랜드와 사람들이 실제로 느끼는 브랜드가 다를 수 있다. 이 간극을 줄이기 위한 전략을 세워야 한다. 예를 들어, 스스로는 '따뜻한 멘토'가 되고 싶었지만, 사람들이 '냉철한 분석가'로 본다면 두 이미지를 조율할 필요가 있다.

결국 피드백 분석은 나를 비판적으로 바라보는 과정이 아니라, 브랜드를 더 명확하고 균형 있게 성장시키는 도구다. 반복되는 키워드, 긍·부정 패턴, 기대와 실제의 차이를 꼼꼼히 점검하면, 브랜드는 한층 더 단단해진다.

4) 사례와 인사이트 정리
피드백은 단순한 의견이 아니라, 브랜드를 성장시키는 나침반이다. 실제 사례들을 보면 피드백을 어떻게 해석하고 실행으로 옮겨야 하는지 명확하게 알 수 있다.

먼저, 프리랜서 디자이너 J씨의 경우다. 그는 "창의적이지만 마감이 자주 늦다"라는 피드백을 받았다. 이 말 속에는 그의 브랜드 강점과 약점이 동시에 담겨 있었다. '창의성'은 분명 강점이지만, '신뢰성'은 보완이 필요했던 것이다. 그는 이 지점을 인식하고 마감 관리 툴을 도입했다. 그 결과 "신뢰할 수 있는 크리에이터"라는 새로운 이미지를 구축할 수 있었다.

다음으로, 강연자 H씨다. 그는 "열정적이지만 구체적인 실행 전략이 부족하다"는 피드백을 받았다. 청중은 그의 열정에는 공감했지만, 실제로 적용할 수 있는 방법이 부족하다고 느낀 것이다. 그는 이를 보완하기 위해 강연 후 워크북과 실행 체크리스트를 제공했다. 덕분에 그의 브랜드는 단순한 '열정적인 강연자'를 넘어 '실천을 이끄는 강연자'로 자리 잡았다.

이처럼 피드백을 분석하고 인사이트로 전환하는 과정에는 세 단계가 있다.

첫째, 반복적으로 나온 긍정적 피드백을 통해 핵심 강점을 도출한다. 이것이 브랜드의 기둥이 된다.
둘째, 부정적인 피드백 중 행동으로 바꿀 수 있는 부분을 찾아 보완 포인트를 설정한다.
셋째, 강점은 강화하고 보완은 개선 전략으로 구체화하는 실행 전략을 설계한다.

결국 브랜드는 타인의 시선 속에서 드러나고, 그 시선을 분석하는 과정에서 성장한다. 피드백은 불편한 거울이 아니라, 더 나은 나를 만드는 가장 정확한 지도다.

> ■ 질문하기
> ◎ 내가 최근 받은 피드백 중 가장 많이 반복된 단어는 무엇인가?
> ◎ 긍정 피드백은 어떻게 강화할 수 있는가?
> ◎ 부정 피드백은 어떻게 개선 전략으로 전환할 수 있는가?
> ◎ 내 브랜드의 강점·약점·기회는 무엇인가?

♣ 실습 박스

AI 실습 프롬프트

> 내가 받은 피드백을 정리했어.
> 긍정: [예: 신뢰감 있다, 발표가 설득력 있다]
> 부정: [예: 너무 바빠 보여서 접근하기 어렵다]
> 이 정보를 바탕으로
> 1) 반복 키워드와 핵심 강점,
> 2) 개선해야 할 보완 포인트,
> 3) 실행 전략과 구체적 행동 계획(1개월, 3개월 단위)을 제안해줘.

요약하면, 피드백 분석은 거울을 보는 과정이다. 거울 속 내 모습을 솔직히 인정하고, 그 안에서 강점을 더 빛나게 하고 약점을 개선할 때 브랜드는 진짜로 성장한다.

◆ 피드백 분석과 인사이트 워크북

피드백 분석과 인사이트 워크북

Step 1. 피드백 기록하기
최근 1~3개월간 내가 받은 피드백을 구체적으로 적어보세요.
◎ 긍정 피드백:
→ _____
→ _____

◎ 부정 피드백:

→ _____

→ _____

Step 2. 반복되는 키워드 찾기

여러 번 언급된 단어나 표현을 정리하세요.

◎ 긍정 키워드(강점):

→ _____

◎ 부정 키워드(보완 필요):

→ _____

Step 3. 패턴 분석하기

피드백에서 드러나는 공통된 흐름을 정리해보세요.

◎ 내가 가진 핵심 강점은 무엇인가?

→ _____

◎ 사람들이 기대하는 모습은 무엇인가?

→ _____

◎ 내가 개선해야 할 행동이나 태도는 무엇인가?

→ _____

Step 4. 인사이트 정리

피드백을 실행 전략으로 전환해보세요.

◎ 강화할 요소(강점):

→ _____

◎ 보완할 요소(약점):

→ _____

◎ 나만의 실행 전략 문장으로 정리:

→ "나는 _____를 더 강화하고, _____를 보완해 _____한 브랜드로 성장하겠다."

Step 5. 실행 계획

앞으로 1~3개월간 실행할 구체적 행동을 적어보세요.

◎ 단기 실행 (1개월 내):

→ _____

◎ 중기 실행 (3개월 내):

→ _____

◎ 실행 후 점검 방법:

→ _____

이 워크북은 독자가 단순히 피드백을 "듣는" 데서 끝나는 것이 아니라, 피드백 → 분석 → 인사이트 → 실행 전략으로 전환할 수 있도록 돕는 실천 도구이다.

6.3 리브랜딩 전략과 시기

1) 왜 리브랜딩이 필요한가?

퍼스널 브랜드는 한 번 만들고 끝나는 정적 자산이 아니다.

사회 변화, 경력 전환, 개인의 가치관 변화에 따라 브랜드의 메시지와 이미지도 업데이트해야 한다. 예를 들어 직장인이 리더로 승진했을 때, 단순히 '성실한 팀원'에서 '영향력 있는 리더'로 브랜드를 조정해야 한다.

또한 프리랜서 강사가 기업 대표가 되었을 때, 브랜드 초점은 '개인 전문성'에서 '조직 비전'으로 확장되어야 한다. 리브랜딩은 나의 성장에 따라 브랜드도 함께 진화하는 과정이다.

2) 리브랜딩이 필요한 시기 (신호 5가지)

퍼스널 브랜드는 한 번 정리했다고 해서 끝나는 것이 아니다. 시간이 흐르며 나의 환경과 역할이 달라지고, 타인의 인식 역시 변화한다. 따라서 때로는 나의 브랜드를 다시 점검하고 새롭게 조율하는 리브랜딩이 필요하다. 그렇다면 언제가 그 시기일까?

첫째, 타인의 인식과 내가 원하는 이미지가 어긋날 때이다. 예를 들어, 나는 스스로를 '혁신가'로 기억되길 바라지만, 주변 사람들은 여전히 나를 단순한 '실무자'로만 인식한다면 리브랜딩이 필요한 신호이다.

둘째, 내 커리어나 역할이 크게 변할 때이다. 직급이 오르거나 새로운 조직을 맡게 되었을 때, 혹은 창업을 시작하거나 은퇴 후 제2의 커리어를 열었을 때, 기존의 브랜드 이미지는 더 이상 지금의 나를 설명하지 못한다.

셋째, 콘텐츠와 메시지가 낡았다고 느껴질 때이다. SNS 프로필, 명함, 포트폴리오가 2년 이상 업데이트되지 않았다면, 나의 메시지는 현재를 반영하지 못하고 과거에 머물러 있을 가능성이 크다.

넷째, 새로운 기회를 잡고 싶을 때이다. 투자자나 고객, 청중 앞에서 지금보다 더 높은 차원의 메시지를 보여줄 필요가 있을 때, 브랜드를 새롭게 정비해야 한다. 리브랜딩은 기회를 끌어당기는 중요한 도구이다.

다섯째, 피드백에서 일관성 부족을 지적받을 때이다. 예를 들어, "SNS에서는 다정한데, 실제 현장에서는 너무 차갑다"라는 평가를 받는다면, 나의 메시지와 행동 사이에 불일치가 있다는 뜻이다. 이때는 리브랜딩을 통해 톤과 태도를 정비할 필요가 있다.

결국 리브랜딩은 위기를 만났을 때만 하는 것이 아니라, 내가 나답게 성장해 가기 위해 반드시 거쳐야 하는 과정이다. 변화의 신호를 외면하지 말고, 나의 브랜드를 현재와 미래에 맞게 다시 설계해야 한다.

3) 리브랜딩 전략 4단계

리브랜딩은 단순히 이미지를 바꾸는 것이 아니라, 나의 정체성과 메시지를 새롭게 정리하고 일관되게 전달하는 과정이다. 효과적인 리브랜딩을 위해서는 네 가지 단계를 차근차근 밟아야 한다.

첫째, 기존 브랜드 진단이다. 현재 나의 브랜드가 어떤 핵심 이미지를 주고 있는지 점검해야 한다. 타인에게 "나는 어떤 사람으로 보이는가?"를 묻고, 나 스스로 "지금의 나는 어떤 이미지로 각인되어 있는가?"를 돌아보는 단계이다. 진단 없이는 변화의 방향도 찾을 수 없다.

둘째, 새로운 방향 정의이다. 앞으로 내가 가고 싶은 경력과 삶의 방향을 분명히 정해야 한다. 그 방향과 맞닿아 있는 키워드와 메시지를 찾아내고, 브랜드의 나침반으로 삼는 것이다. 예를 들어 "혁신·신뢰·도전"이라는 키워드를 선택했다면, 앞으로의 브랜드는 그 언어로 설명될 수 있어야 한다.

셋째, 시각과 콘텐츠 재설계이다. 말로만 방향을 정하는 것이 아니라, 실제 보이는 요소를 바꾸어야 한다. 프로필 사진, 로고, 컬러, 슬로건을 업데이트하고, SNS·홈페이지·명함 등 모든 채널에 새 메시지를 반영해야 한다. 시각적 요소와 콘텐츠가 바뀌어야 사람들이 변화된 브랜드를 체감할 수 있다.

넷째, 일관된 실행과 홍보이다. 리브랜딩은 선언으로 끝나지 않는다. 오프라인 네트워킹 자리에서 새 키워드를 반복해서 말하고, 온라인 콘텐츠에서도 꾸준히 동일한 톤앤매너를 유지해야 한다. 일관성이 쌓일수록 리브랜딩은 신뢰로 이어지고, 새로운 이미지는 점차 사람들의 머릿속에 확고히 각인된다.

이처럼 리브랜딩은 진단 → 방향 정의 → 재설계 → 실행이라는 네 단계를 통해 완성되는 것이다. 이 과정을 통해 나의 브랜드는 새로운 차원으로 도약할 수 있다.

리브랜딩 사례 : 직장인 K씨

K씨는 회사에서 오랫동안 "성실하고 열심히 일하는 직원"으로 인정받아 왔다. 하지만 문제는 승진 이후에도 달라지지 않았다. 직급은 높아졌지만, 동료와 상사는 여전히 그를 단순히 보조자·조력자 역할에 머무는 사람으로 인식했다.

이 한계를 깨기 위해 그는 스스로 브랜드를 새롭게 정의하기 시작했다. 목표는 '조력자'가 아니라 "팀을 이끄는 전략가"로 자리매김하는 것이었다. K씨는 먼저 회의에서 단순히 의견을 덧붙이는 데 그치지 않고, 회의 아젠다를 직접 설계하고 주도적으로 이끌어 갔다. 또 프로젝트 결과 보고나 성과 발표 역시 적극적으로 맡아, 팀 전체의 방향과 성과를 명확히 보여주는 역할을 자처했다.

그 결과 1년이 지나자, 주변의 평가는 눈에 띄게 달라졌다. "성실한 직원"이었던 K씨는 이제 "팀 성과를 만들어내는 리더"로 인식되었고, 회사에서도 중요한 전략 프로젝트를 맡는 기회를 얻을 수 있었다.

이 사례는 직장인에게 리브랜딩은 단순히 직급의 변화가 아니라, 행동과 메시지의 변화가 동반될 때 가능하다는 점을 보여준다.

> ■ 질문하기
> ◎ 지금 내 브랜드는 내 현재 역할과 잘 맞는가?
> ◎ 최근 1년간 내 브랜드 요소(사진, 소개, 콘텐츠)를 업데이트한 적이 있는가?
> ◎ 앞으로 3년 후 내가 원하는 위치에 맞는 브랜드는 어떤 모습인가?

♣ 실습 박스

AI 실습 프롬프트

> 내 퍼스널 브랜드를 리브랜딩하고 싶어.
> 현재 나의 브랜드 이미지는 [예: 성실한 팀원]이고,
> 앞으로 원하는 브랜드 이미지는 [예: 전략적인 리더]야.
> 이 정보를 바탕으로
> 1) 지금 브랜드와 목표 브랜드 간 차이 분석,
> 2) 리브랜딩을 위한 핵심 메시지와 키워드 제안,
> 3) 실행 전략(시각·콘텐츠·행동)을 제안해줘.

리브랜딩은 변화하는 나의 삶과 커리어에 맞춰 브랜드를 재정의하는 과정이다. 시기를 놓치지 않고 전략적으로 리브랜딩할 때, 브랜드는 나를 제약하는 껍질이 아니라 더 큰 기회를 여는 문이 된다.

Step 1. 현재 브랜드 진단

지금 사람들이 나를 어떻게 인식하는지 적어보세요.

◎ 현재 나의 브랜드 한 줄 정의:
→ _____

◎ 사람들이 나를 표현할 때 자주 사용하는 단어:
→ _____

◎ 현재 내 브랜드 강점:
→ _____

◎ 현재 내 브랜드 약점:
→ _____

Step 2. 목표 브랜드 정의
앞으로 내가 원하는 브랜드 이미지를 설계해보세요.

◎ 3년 후 내가 원하는 브랜드 한 줄 정의:
→ _____

내가 추가하고 싶은 키워드(3개) :

① _____

② _____

③ _____

◎ 내가 버리거나 수정하고 싶은 이미지:
→ _____

Step 3. 리브랜딩 필요 신호 체크리스트
☐ 현재 역할과 브랜드 이미지가 맞지 않는다.

☐ 경력/직급/업무가 크게 바뀌었다.

☐ 콘텐츠·프로필·명함이 2년 이상 업데이트되지 않았다.

☐ 사람들이 나를 예전 이미지로만 기억한다.

☐ 새로운 기회를 잡기 위해 브랜드 전환이 필요하다.

☐ 해당되는 항목에 체크하고, 그 이유를 적어보세요.

→ _____

Step 4. 리브랜딩 실행 전략

리브랜딩을 위해 구체적으로 바꿔야 할 것들을 정리하세요.

◎ 메시지 전략 : (내가 앞으로 반복할 한 문장 메시지)

→ _____

◎ 시각 전략 : (프로필 사진·로고·컬러·슬로건 등 업데이트할 항목)

→ _____

◎ 콘텐츠 전략 :
(SNS·블로그·강연 등에서 어떤 메시지를 어떻게 보여줄 것인가?)

→ _____

◎ 행동 전략 : (네트워킹·프로젝트·발표 자리에서 내가 보여줄 태도/행동)

→ _____

Step 5. 실행 계획 (3개월·6개월)

◎ 단기 실행 (3개월) :

→ _____

◎ 중기 실행 (6개월) :

→ _____

◎ 실행 점검 방법 : (예: 멘토 피드백, SNS 반응, 설문조사 등)

→ _____

이 워크북을 작성하면 독자는 "현재의 나" vs "앞으로의 나"를 명확히 비교하고, 브랜드 전환이 필요한 시점과 전략을 구체적으로 설계할 수 있게 된다.

6.4 협업·파트너십을 통한 확장

1) 왜 협업이 브랜드 확장의 열쇠인가?

앞에서 리브랜딩 전략을 다루었다면, 이번 장은 브랜드를 혼자만의 힘으로 키우는 것이 아니라, 다른 사람이나 조직과의 협업을 통해 확장하는 전략에 관한 이야기이다. 퍼스널 브랜드는 결국 나 혼자 목소리를 낼 때 분명한 한계가 있다. 내가 가진 영향력이 1이라면, 협업을 통해 그것은 10배, 100배까지 증폭되며 강력한 시너지 효과를 만들어낼 수 있는 것이다.

협업은 곧 신뢰도를 높여준다. 유명 기업이나 전문가와 함께하는 순간, 그들이 쌓아온 신뢰가 자연스럽게 나의 브랜드에도 전이된다. 동시에 협업은 도달 범위를 넓힌다. 혼자서는 닿을 수 없는 네트워크와 청중에게 연결될 수 있고, 이를 통해 브랜드는 새로운 무대에 설 수 있다. 나아가 협업은 나의 브랜드에 새로운 차원을 더한다. 기존에 가지고 있던 이미지와 정체성 위에 협업의 경험이 덧붙여지면서, 브랜드는 더 입체적이고 풍성하게 성장한다.

세계적인 기업가 리처드 브랜슨은 "파트너십은 나의 아이디어를 현실로 만들어주는 가속 장치"라고 말했다. 개인 브랜드 역시 마찬가지이다. 협업은 단순한 선택이 아니라, 브랜드를 확장시키고 새로운 기회를 여는 가장 강력한 열쇠이다.

2) 협업·파트너십의 3가지 유형

① 개인과의 협업
→ 동료, 전문가, 강연자, 프리랜서와 협력
→ 예 강연자가 다른 분야 강사와 공동 세미나 진행 → 서로의 청중에게 브랜드 확산

② 기업·기관과의 파트너십
→ 기업, 학교, 협회, 정부 기관 등과 협력
→ 예 직장인 브랜드 컨설턴트가 지역 상공회의소와 협력 → 기업 교육 시장으로 브랜드 확장

③ 플랫폼과의 협업
→ 유튜브, LinkedIn, 브런치, 온라인 강의 플랫폼 등
→ 예 창업가가 유튜브 채널에서 업계 인플루언서와 대담 → 온라인 청중 확장

3) 협업·파트너십 전략 3단계

협업과 파트너십을 성공적으로 이끌기 위해서는 단순히 손을 잡는 것만으로는 부족하다. 브랜드 방향과 맞는 상대를 찾고, 서로에게 이익이 되는 구조를 설계하며, 끝까지 일관된 메시지를 유지해야 비로소 협업이 브랜드 확장으로 이어질 수 있다.

첫째, 브랜드 방향과 맞는 파트너를 찾는 것이 중요하다. 나의 핵심 키워드와 비슷하거나, 혹은 부족한 부분을 보완해 줄 수 있는 사람이나 조직을 선택해야 한다. 방향성이 다른 파트너와 협업하면 잠시 주목은 받을 수 있어도 장기적으로는 브랜드를 흐리게 만든다.

둘째, 서로의 이익 구조를 설계하는 것이다. 협업은 일방적인 도움 요청이 아니다. 상대에게도 이익이 되고, 나에게도 성장의 기회를 주는 윈윈(win-win) 구조를 만들어야 한다. 이익의 균형이 맞을 때 협업은 오래 지속되며, 신뢰 역시 두터워진다.

셋째, 일관된 메시지를 확산하는 것이다. 협업을 하더라도 나의 브랜드 핵심 메시지를 잊지 말아야 한다. 어떤 파트너십을 맺더라도 내가 전하고자 하는 톤앤매너와 철학이 일관되게 드러날 때, 사람들은 협업을 통해서도 내 브랜드를 명확하게 인식한다.

결국 협업은 맞는 파트너를 찾고 → 공정한 구조를 설계하고 → 일관된 메시지를 퍼뜨리는 과정이다. 이 세 단계를 지켜낼 때, 협업은 단순한 동업이 아니라 브랜드를 성장시키는 강력한 자산이 된다.

■ 질문하기
◎ 지금 내 브랜드와 시너지를 낼 수 있는 협업 파트너는 누구인가?
◎ 나는 협업에서 무엇을 제공할 수 있고, 무엇을 얻고 싶은가?
◎ 협업 후 내 브랜드 메시지가 더 강화될까, 혼란스러워질까?

♣ 실습 박스

AI 실습 프롬프트

> 내 퍼스널 브랜드를 확장하기 위해 협업 전략을 세우고 싶어.
> 내 브랜드 키워드는 [예: 혁신, 신뢰, 실천]이고,
> 내가 활동하는 분야는 [예: 교육, 스타트업, 디자인]이야.
> 이 정보를 바탕으로
> 1) 개인, 기업/기관, 플랫폼 각각에서 가능한 협업 아이디어,
> 2) 협업을 통해 얻을 수 있는 브랜드 확장 효과,
> 3) 협업을 실행하기 위해 필요한 준비 사항을 제안해줘.

정리하면, 협업은 퍼스널 브랜드의 가속기다. 혼자라면 5년 걸릴 일을, 파트너십을 통해 1년 안에 달성할 수도 있다. 중요한 것은, 협업의 양이 아니라 브랜드 방향과 일치하는 질 높은 협업이다.

◆ 협업·파트너십 통한 확장 워크북

Step 1. 협업 목적 정의하기

내가 협업을 통해 얻고 싶은 것은 무엇인가?

◎ 브랜드 측면 목표 :

→ _____

◎ 커리어/사업 측면 목표 :

→ _____

Step 2. 협업 파트너 후보 찾기

내 브랜드와 시너지를 낼 수 있는 개인·기관·플랫폼을 정리해보세요.

◎ 개인 : _____

◎ 기업/기관 : _____

◎ 플랫폼(SNS·강의·커뮤니티 등) : _____

Step 3. 파트너십 가치 교환 설계

협업은 '주는 것과 받는 것'이 균형을 이뤄야 한다.

◎ 내가 파트너에게 제공할 수 있는 가치:

→ _____

◎ 내가 파트너로부터 얻고 싶은 가치:

→ _____

Step 4. 협업 아이디어 구체화

협업 방식을 아이디어로 구체적으로 작성해보세요.

◎ 개인과 협업 아이디어:

→ _____

◎ 기업/기관과 협업 아이디어:

→ _____

◎ 플랫폼과 협업 아이디어:

→ _____

Step 5. 실행 계획

협업을 실제 행동으로 옮기기 위한 계획을 작성해보세요.

◎ 단기 실행 (3개월 이내) :

→ _____

◎ 중기 실행 (6개월 이내) :

→ _____

◎ 장기 실행 (1년) :

→ _____

Step 6. 협업 성과 점검

협업이 내 브랜드에 어떤 변화를 주었는지 확인하세요.

◎ 협업 후 내 브랜드 인식에 생긴 긍정적 변화 :

→ _____

◎ 협업 후 아쉬운 점/보완할 점:

→ _____

이 워크북은 독자가 "왜 협업이 필요한지 → 누구와 협업할지 → 어떤 방식으로 실행할지 → 어떤 효과를 얻을지"를 스스로 설계하도록 돕는 실천 도구이다.

6.5 새로운 수익 모델 (강연·출판·교육·사업화)

1) 퍼스널 브랜드, 왜 수익 모델로 연결해야 하는가

퍼스널 브랜드는 단순한 '이미지 관리'가 아니다. 브랜드는 곧 하나의 자산이며, 경제적 가치를 만들어낼 수 있는 비즈니스 플랫폼이다. 특히 AI 시대에는 정보와 콘텐츠가 넘쳐난다. 그러나 개인이 가진 고유한 브랜드와 서사는 여전히 희소성을 갖는다. 이 희소성을 기반으로 강연, 출판, 교육, 사업화로 확장할 때 브랜드는 단순한 이름을 넘어 지속 가능한 수익 모델로 자리 잡게 된다. 결국 퍼스널 브랜드를 수익으로 연결한다는 것은 나의 영향력을 경제적 자립과 성장의 기반으로 만드는 일이다.

2) 수익 모델 4대 영역

퍼스널 브랜드는 다양한 방식으로 수익화할 수 있다. 그중 대표적인 네 가지는 강연, 출판, 교육, 사업화이다.

첫째, 강연이다. 강연은 퍼스널 브랜드를 가장 직접적으로 전달할 수 있는 방식이다. 방송인 김미경은 '실천적 동기부여'라는 브랜드를 강연으로 확산하며 전국적인 영향력을 확보했다. 강연을 준비할 때는 주제를 브랜드 핵심 키워드와 일치시키는 것이 중요하다. 강연 후 워크북이나 실습 자료를 제공하면 재강연 요청으로 이어질 가능성이 크다.

둘째, 출판이다. 출판은 브랜드를 지식 자산으로 축적하는 대표적인 수단이다. 유발 하라리는 《사피엔스》를 통해 '역사적 통찰을 가진 지식인'이라는 브랜드를 전 세계에 확립했다. 책은 단순한 글 모음이 아니라, 나의 철학과 경험을 담아내는 도구이다. AI를 활용하면 글쓰기 보조, 사례 조사, 구조 설계를 체계화하여 보다 쉽게 집필 과정을 진행할 수 있다.

셋째, 교육이다. 교육은 강연보다 지속적이고 반복 가능한 수익 모델이다. 예를 들어, 한 직장인 강사는 자신의 브랜드를 'SNS마케팅전문가"로 정하고 이를 기반으로 사내 교육과 외부 워크숍을 운영하여 매년 급여 이상의 추가 수익을 창출했다. 교육을 통해 브랜드를 확장하려면 반드시 자신만의 커리큘럼을 개발해야 한다. 또한 온라인 강의(클래스101, 유데미, 유튜브 멤버십 등)와 오프라인 과정을 병행하면 더 큰 시너지를 얻을 수 있다.

넷째, 사업화이다. 사업화는 퍼스널 브랜드를 넘어 실제 제품이나 서비스와 연결하는 단계이다. 요리연구가 백종원은 '요리 전문가'라는 브랜드를 음식 프랜차이즈 사업으로 확장하여 대기업 수준의 비즈니스 제국을 구축했다. 사업화 단계에서는 반드시 브랜드 철학과 연결된 상품이어야 한다. 예를 들어 '건강 코치'라면 건강식품 라인을 만드는 식이다. 또한 파트너십과 투자 유치를 결합하면 빠르게 성장할 수 있다.

3) 브랜드 확장형 수익 모델의 단계

퍼스널 브랜드의 수익화는 단번에 이루어지지 않는다. 단계적으로 성장하면서 확장된다.

먼저 인지 단계에서는 SNS, 강연, 콘텐츠를 통해 자신을 알리는 것이 핵심이다. 사람들의 눈에 익숙해져야 브랜드가 시작된다.

그다음은 신뢰 단계이다. 출판과 교육 과정을 통해 전문성을 확고히 하고, 나의 목소리에 신뢰를 부여한다.

세 번째는 수익화 단계이다. 교육, 코칭, 상품 판매 등으로 실제 수익을 만들어내며 브랜드를 경제적 기반과 연결한다.

마지막은 사업화 단계이다. 브랜드를 기업화하거나 플랫폼화하여 지속 가능한 비즈니스로 확장한다. 이 단계에 이르면 퍼스널 브랜드는 단순히 개인의 이름을 넘어 하나의 기업적 자산이 된다.

퍼스널 브랜드는 나 자신을 넘어, 나의 삶 전체를 지탱하는 경제적 엔진이 될 수 있다. 브랜드를 수익 모델로 연결하는 순간, 개인의 이름은 곧 하나의 지속 가능한 비즈니스가 되는 것이다.

■ 질문하기

◎ 내 브랜드 핵심 키워드와 연결될 수 있는 수익 모델은 무엇인가?

◎ 나는 지금 강연·출판·교육·사업화 중 어느 단계에 와 있는가?

◎ 내 브랜드를 기반으로 3년 안에 만들 수 있는 새로운 수익 모델은 무엇인가?

♣ 실습 박스

AI 실습 프롬프트

> 내 퍼스널 브랜드를 새로운 수익 모델로 확장하고 싶어.
>
> 내 브랜드 키워드는 [예: 신뢰, 실행, 혁신]이고,
>
> 내가 활동하는 분야는 [예: 교육, 컨설팅, 콘텐츠 제작]이야.
>
> 이 정보를 바탕으로
>
> 1) 강연·출판·교육·사업화 각각에서 가능한 수익 모델 아이디어,
>
> 2) 지금 당장 실행할 수 있는 단기 전략,
>
> 3) 3년 내 확장을 위한 중장기 전략을 제안해줘.
>
> 　퍼스널 브랜드의 완성은 수익 모델로 연결될 때 비로소 현실화된다. 강연·출판·교육·사업화는 각각 다른 속도를 가지고 있지만, 나의 브랜드 핵심 메시지와 일치할 때 가장 강력한 효과를 발휘한다.

◆ 새로운 수익 모델 워크북

Step 1. 나의 브랜드 정의

나의 브랜드 키워드 3개:

① _____

② _____

③ _____

현재 나의 브랜드 한 줄 정의 :

→ _____

Step 2. 수익 모델 아이디어 도출

내 브랜드를 활용해 연결할 수 있는 수익 모델을 적어보세요.

강연 :

→ _____

출판 :

→ _____

교육(오프라인/온라인) :

→ _____

사업화(제품/서비스/플랫폼) :

→ _____

Step 3. 단기 실행 전략 (3개월 이내)

지금 당장 실행할 수 있는 작은 단계는 무엇인가?

강연 : _____

출판 : _____

교육 : _____

사업화 : _____

Step 4. 중기 실행 전략 (1년 이내)

브랜드를 기반으로 성장시킬 전략을 적어보세요.

강연 : _____

출판 : _____

교육 : _____

사업화: _____

Step 5. 장기 실행 전략 (3년 계획)
브랜드를 '지속 가능한 수익 모델'로 확장할 로드맵을 작성해 보세요.

강연: _____
출판 : _____
교육 : _____
사업화 : _____

Step 6. 점검 포인트
☐ 나의 브랜드 키워드와 수익 모델이 일관성 있는가?
☐ 실행 계획이 구체적이고 측정 가능한가?
☐ 단기 → 중기 → 장기 전략이 연결되어 있는가?
☐ 내 브랜드의 진정성과 맞는 모델인가?

이 워크북은 독자가 자신의 브랜드를 단순한 자기 표현에서 멈추지 않고, 경제적 지속 가능성을 갖춘 자산으로 성장시킬 수 있도록 돕는 실천 도구이다. 워크북을 작성하면서 혼자서 해결하지 못한 것은 AI의 도움을 받아 정리해 보자

6.6 브랜드 확장 성공 사례

퍼스널 브랜드는 완성되는 순간이 아니라, 확장되는 과정에서 진정한 가치를 발휘한다. 지금부터 소개할 사례들은 각자의 출발점은 달랐지만, 브랜드를 전략적으로 확장하며 새로운 기회를 만들어낸 사람들의 이야기다.

■ 프리랜서에서 업계 전문가로: 디자이너 L씨

L씨는 평범한 프리랜서 그래픽 디자이너였다. 초기에는 작은 의뢰를 받아 납품하는 것이 일상이었다. 하지만 그는 자신을 단순히 "디자이너"가 아닌 "스토리텔링을 담는 디자인 전문가"로 재정의했다.

◉ 브랜드 확장 전략
- SNS에 완성된 작업물만 올리는 대신, "브랜드 스토리와 디자인이 어떻게 연결 되는지"를 설명하는 콘텐츠를 꾸준히 게시
- 다른 프리랜서들과 협업 프로젝트를 진행하며 네트워크 확장
- 클라이언트의 비즈니스 성과까지 고려한 디자인 제안으로 차별화

◉ 성과
- 온라인 팔로워 1만 명 확보
- 대기업 브랜드 캠페인 참여 제안 다수
- 프리랜서에서 업계 '브랜드 디자이너'로 포지션 상승

▷ 인사이트 : 프리랜서는 전문성과 스토리를 연결할 때 브랜드가 확장된다. 단순히 "무엇을 하는가"가 아니라 "어떤 가치를 만드는가"를 보여주는 것이 핵심이다.

■ 창업가에서 업계 파트너로: 스타트업 대표 K씨

K씨는 AI 솔루션 스타트업을 창업했다. 초창기에는 '기술 중심' 이미지가 강했지만, 투자자와 고객의 피드백을 바탕으로 브랜드를 "신뢰할 수 있는 혁신가"로 리브랜딩했다.

◉ 브랜드 확장 전략
- 대기업과의 오픈 이노베이션 협업 프로젝트 추진
- 글로벌 스타트업 컨퍼런스에서 공동 세션 발표자로 활동
- 기술력뿐만 아니라 **비즈니스 신뢰성**을 강조하는 메시지 전달

◉ 성과
- 시리즈 A 투자 유치 성공 (10억 원 규모)
- 국내외 파트너십 확대
- 해외 시장 진출 기반 확보

▷ 인사이트 : 창업가는 '혁신'과 '신뢰'라는 이중 브랜드를 구축할 때 시장 확장에 성공한다. 기술력만으로는 부족하다. 함께 일하고 싶은 파트너라는 인식을 심어야 한다.

■ 기업 대표에서 Thought Leader로: 교육기업 J대표

J대표는 소규모 교육 회사를 운영했다. 초기에는 "강사 파견 회사" 정도로 인식되었지만, 브랜드를 "조직 학습을 이끄는 파트너"로 확장했다.

◉ 브랜드 확장 전략
- 소속 강사들의 개별 프로필을 통일하고, 회사 전체 브랜드 메시지를 '변화를 만드는 교육'으로 재설계
- 고객 피드백을 분석해 데이터 기반 스토리텔링 마케팅 자료 제작
- J대표 본인이 업계 전문가로서 콘텐츠 발신

◉ 성과
- 대기업 교육 파트너로 선정, 매출 2배 성장
- J대표 개인은 업계 컨퍼런스 키노트 강연자로 초청
- 회사 브랜드와 개인 브랜드 동반 성장

▷ 인사이트 : 기업 대표는 개인 브랜드와 조직 브랜드를 함께 확장해야 시장 신뢰를 얻는다. 회사의 얼굴이 되어 전문성을 나타내는 것이 강력한 차별화 요소다.

세 가지 사례의 공통 성공 요인

위 세 사례는 출발점과 산업은 달랐지만, 브랜드 확장의 핵심 패턴

은 동일했다.

1. 브랜드 재정의 : 기존 강점에 새로운 키워드를 더해 포지셔닝 확장
2. 협업과 파트너십 : 혼자가 아닌 네트워크를 활용한 시너지 창출
3. 콘텐츠·행동의 일관성 : 온라인과 오프라인에서 동일한 메시지를 반복해 각인

브랜드 확장은 우연이 아니라 전략적 선택의 결과다.

지금까지 살펴본 사례들의 종합판이라 할 수 있는 인물이 있다. 바로 제주대학교 박세필 교수다. 그는 축산학이라는 전통적 분야에서 출발해 줄기세포 연구의 개척자로, 나아가 한국 바이오 산업의 대표 학자로 브랜드를 확장한 인물이다.

■ 축산학 전공에서 줄기세포 권위자로 – 박세필 교수

대한민국에는 축산학을 전공한 많은 사람이 있지만, 대개는 자신의 전공 분야에만 머무르는 경우가 태반이다. 하지만 필자의 지인인 박교수의 인생 스토리를 살펴보면, 전공을 기반으로 리브랜딩과 브랜드 확장을 이룬 대표적 사례라 할 수 있다. 그의 여정은 한 개인이 어떻게 자신만의 전문성을 재정의하고 시대적 흐름에 맞춰 확장해 나갈 수 있는지를 잘 보여준다.

1) 출발점 : 축산학 연구자

박 교수는 대학 시절 축산학을 전공하며 동물 생명과학 분야에서 연구 기반을 다졌다. 초기에는 축산학이라는 비교적 전통적이고 제한적인 학문 영역에서 활동했기에, 대중과의 접점이나 브랜드 인지도는 낮았다. 그러나 미국 유학을 통해 최신 생명공학 지식을 습득하면서 그는 "축산학 기반 생명과학자"라는 차별성을 갖추게 되었다. 이는 단순한 축산학 연구자가 아니라 미래 바이오 연구의 기반을 가진 전문가라는 포지셔닝으로 이어졌다.

2) 브랜드 전환 : 줄기세포 연구자로 리브랜딩

귀국 후 박 교수는 축산학의 범위를 넘어 줄기세포 연구로 자신의 연구 영역을 확장했다. 당시 한국에서 줄기세포 연구는 초기 단계였으나, 그는 선제적으로 이 분야에 도전하며 "줄기세포 연구의 개척자"라는 새로운 브랜드를 구축했다. 그는 줄기세포 연구 성과를 국내외 학술지에 꾸준히 발표하며 언론 인터뷰와 대중 강연을 통해 '줄기세포 전문가'로 리브랜딩하였다.

그 결과, 그는 단순한 축산학 연구자가 아니라, 학계와 대중 모두에게 "줄기세포 = 박교수"라는 공식이 성립될 정도로 브랜드를 확장할 수 있었다.

3) 확장 : 글로벌 네트워크와 사회적 영향력

박 교수의 브랜드는 학문적 성과에만 머물지 않았다. 그는 국내외 공동연구 프로젝트를 주도하며 글로벌 네트워크를 구축했고, 줄기세포 연구 관련 정부 자문에도 참여해 정책적 영향력을 행사했다. J대 교수로 재직하며 후학 양성, 연구 기관 설립에도 기여하면서 브랜드를 "연구자"에서 "분야의 리더"로 끌어올렸다. 그는 단순히 실험실에 머무는 학자가 아니라, 줄기세포 분야의 비전과 가능성을 사회와 공유하는 공적 지식인으로 자리 잡았다.

4) 성과 : 줄기세포 분야의 권위자

박 교수는 현재 줄기세포 연구에서 한국을 대표하는 권위자로 자리매김하고 있다. 다수의 SCI 논문과 특허를 비롯한 학문적 업적은 물론, 바이오테크 기업을 설립하여 연구 성과를 산업화하는 데 기여했다. 또한 언론 인터뷰·대중 강연·정책 자문 등을 통해 사회적 영향력을 발휘하며 대중에게도 널리 알려졌다. 그 결과, 학계와 대중 모두에게 그는 "줄기세포 분야의 권위자"라는 확고한 브랜드 이미지를 갖게 되었다.

박 교수의 브랜드 확장 경로를 정리하면 다음과 같다.
축산학 → 생명과학 → 줄기세포 → 바이오 산업
이는 개인 브랜드가 "전문성 강화 → 리브랜딩 → 사회적 확산"을 거쳐 어떻게 세계적 수준으로 도약할 수 있는지를 보여주는 교과서적 사례다.

브랜드 확장의 핵심 교훈

박 교수의 사례를 포함한 모든 성공 사례에서 발견되는 공통점이 있다.

퍼스널 브랜드는 현재 위치에 안주하지 않고, 새로운 기회와 시대적 흐름에 맞춰 끊임없이 재정의하고 확장할 때 최고의 성과를 만들어낸다.

당신의 브랜드도 지금 이 순간부터 확장할 수 있다. 중요한 것은 현재 가진 것을 어떻게 재해석하고, 어떤 방향으로 진화시킬 것인가를 결정하는 것이다.

> ■ 질문하기
> ◎ 나의 전공·전문성은 어떻게 새로운 영역과 연결될 수 있는가?
> ◎ 나는 현재 분야에서 '개척자'라는 브랜드를 만들 기회가 있는가?
> ◎ 내 브랜드를 사회적 영향력으로 확장하기 위해 지금 할 수 있는 일은 무엇인가?
> ◎ 나는 현재 '프리랜서·창업가·기업인, 학자' 중 어떤 단계에 가까운가?
> ◎ 내 브랜드를 한 단계 더 확장하기 위해 필요한 키워드는 무엇인가?
> ◎ 나의 브랜드 확장 성공기를 만들려면 지금 어떤 협업/리브랜딩이 필요한가?

♣ 실습 박스

ChatGPT 실습 프롬프트

나는 [현재 직업/전문 분야]에서 [몇 년] 동안 일해왔어.

내 핵심 강점은 [구체적 강점]이고,

최근 관심 있는 새로운 분야는 [새로운 영역]이야.

이 정보를 바탕으로:

1. 내 브랜드를 어떻게 확장할 수 있을지?
2. 어떤 협업이나 파트너십이 효과적일지?
3. 리브랜딩을 위해 필요한 3가지 행동은 무엇인지 알려줘?

◆ 브랜드 확장 성공 사례 비교 워크북 (자기 진단형)

Step 1. 나와 유사한 출발점은? (체크)

☐ 개인 역량 중심 (작은 프로젝트, 프리랜서형)

☐ 아이디어·기술 중심 (신뢰 확보 필요, 창업가형)

☐ 조직 운영 중심 (회사 브랜드 약하지만 성장 욕구 큼, 대표형)

☐ 전공 기반 (새로운 분야로 확장 필요, 전문가형)

Step 2. 사례별 나의 현재 점수 (1~5점)

구분	사례 핵심 포인트	나와의 유사성 (체크 & 점수)
개인역량 중심	전문성과 스토리를 연결, 개인 작업을 브랜드화	☐ 1 ☐ 2 ☐ 3 ☐ 4 ☐ 5
아이디어·기술중심	혁신 + 신뢰, 대기업/글로벌 협업 통한 확장	☐ 1 ☐ 2 ☐ 3 ☐ 4 ☐ 5

조직운영 중심	개인+조직 브랜드 일관성, 고객 피드백 활용	☐ 1 ☐ 2 ☐ 3 ☐ 4 ☐ 5
전공기반	전공 리브랜딩, 국제 협업 & 사회적 영향력	☐ 1 ☐ 2 ☐ 3 ☐ 4 ☐ 5

점수가 가장 높은 항목이 내가 현재 가장 닮은 브랜드 성장 경로

Step 3. 교훈 정리

◎ 내가 배울 수 있는 핵심 교훈은 무엇인가?
→ _____

◎ 내 브랜드를 한 단계 확장하기 위해 필요한 새로운 키워드는?
→ _____

Step 4. 실행 계획

◎ 단기 실행 (3개월) :
→ _____

◎ 중기 실행 (1년) :
→ _____

◎ 장기 실행 (3년) :
→ _____

이 워크북을 활용하면 독자는 "내 브랜드는 지금 어디쯤인가? → 어떤 사례에서 배울 수 있는가? → 내 실행 전략은 무엇인가?"를 스스로 정리할 수 있습니다.

6.7 "브랜드 성장·확장 6개월 플랜"

1) 왜 6개월 플랜인가?

퍼스널 브랜드는 하루아침에 완성되지 않는다. 그러나 6개월이라는 시간은 충분히 실행과 피드백을 경험하고, 스스로의 성장을 체감할 수 있는 현실적인 기간이다. 첫 한 달은 다양한 시도를 해보고 방향을 점검하는 실험의 시기이다. 세 달이 지나면 점차 습관이 자리 잡고, 브랜드를 유지할 수 있는 패턴이 형성된다. 여섯 달이 되면 작은 성과가 눈에 보이기 시작하고, 활동은 점차 확장 단계로 이어진다. 결국 6개월 플랜은 브랜드를 아이디어에서 실행으로, 실행에서 확장으로 자연스럽게 연결하는 가장 적절한 성장 주기이다.

2) 6개월 플랜 구성 요소

① 목표 설정 (Goal)
→ "나는 6개월 후 ○○○라는 브랜드 이미지를 갖고 싶다."
② 실행 전략 (Action)
→ 월별 핵심 활동 (콘텐츠, 네트워킹, 협업, 교육/강연)
③ 성과 지표 (KPI)
→ 팔로워 수, 강연 횟수, 출판 원고 진척, 협업 성과 등
④ 피드백 & 점검 (Review)
→ 매월 자기 점검 + 피드백 수집

3) 6개월 실행 성공의 핵심
① 작게 시작하되 꾸준히 : 매달 한 가지 핵심 행동에 집중
② 기록과 점검 : KPI를 통해 실행 여부를 객관적으로 확인
③ AI와 협업 : 아이디어 브레인스토밍, 콘텐츠 제작, 성과 분석에
　　　　　　　AI를 적극 활용

정리하면, 6개월 플랜은 브랜드 성장의 터닝 포인트다.

짧지만 강력한 기간 동안 브랜드 방향을 집중적으로 실행한다면, 1년 뒤에는 완전히 다른 수준의 브랜드로 도약할 수 있다.

■ 질문하기 - 나의 브랜드 성장 점검

◎ 지금 내 브랜드의 핵심 키워드는 무엇인가?

◎ 지난 3개월 동안, 나는 브랜드 확장을 위해 무엇을 실행했는가?

◎ 나의 브랜드는 강연·출판·교육·사업화 중 어느 영역과 연결 가능한가?

◎ 앞으로 6개월 동안, 나는 내 브랜드를 어디까지 확장하고 싶은가?

◎ 6개월 후, 사람들이 나에게 어떤 이미지를 떠올리길 원하는가?

♣ 실습 박스

AI 실습 프롬프트

> 나는 내 퍼스널 브랜드를 6개월 동안 성장·확장시키고 싶어.
> 내 브랜드 키워드는 [예: 신뢰, 협업, 실행력]이고,
> 내 활동 분야는 [예: 교육, 스타트업, 직장 리더십]이야.
> 이 정보를 바탕으로
> 1) 6개월 플랜 목표 정의,
> 2) 월별 실행 전략(1~6개월),
> 3) 성과 지표(KPI)와 점검 방법을 제안해줘.

◆ 6개월 실행 워크북 (빈칸 작성용)

월	목표	실행전략	성과지표	점검방법
1개월차				
2개월차				
3개월차				
4개월차				
5개월차				
6개월차				

회사에서 팀 리더 또는 차세대 관리자 역할을 맡고 있는 직장인이 자신의 브랜드를 확장하는 상황을 가정했습니다.

Part 5.
퍼스널 브랜드의 미래

제7장 AI 시대, 퍼스널 브랜드의 미래

    7.1 브랜드는 변화한다: 시대와 함께 성장하기
    7.2 디지털 전환과 브랜드 전략
    7.3 성공 브랜드 vs 실패 브랜드 비교
    7.4 세대별 브랜딩 전략 (20대~시니어)
    7.4 동기부여 코너: "나의 브랜드가 세상에 미칠 영향력"
    7.6 미래 비전 선언문

제7장 AI 시대, 퍼스널 브랜드의 미래

> **핵심 인사이트**
> - 시대 변화와 디지털 전환이 브랜드에 미치는 영향을 이해할 수 있다.
> - 성공 브랜드와 실패 브랜드의 차이를 비교해 교훈을 얻을 수 있다.
> - 나만의 미래 비전 선언문을 작성하고, 브랜드의 방향성을 확립할 수 있다.
> - 최종적으로 "나만의 브랜드 설계서"를 완성할 수 있다.

7.1 브랜드는 변화한다: 시대와 함께 성장하기

1) 브랜드는 정체되지 않는다

퍼스널 브랜드는 한 번 완성하면 끝나는 것이 아니다. 시대는 변하고, 사람들의 요구와 관심도 달라지며, 기술과 문화 역시 빠르게 변한다. 과거에는 '직업과 직함'이 브랜드였다면, 지금은 콘텐츠와 메시지가 브랜드의 핵심이며, AI 시대에는 스토리·신뢰·데이터 활용 능력이 브랜드의 결정적 자산이 된다. 따라서 브랜드는 멈추는 순간 퇴보하기 시작한다.

2) 시대 흐름에 따라 변화한 브랜드 사례

브랜드는 고정된 것이 아니라, 시대의 흐름과 함께 끊임없이 진화해야 한다. 변화에 적응하고 자신을 재정의할 때 비로소 오래 살아남을 수 있다.

예를 들어, 개그맨으로 잘 알려졌던 고명환은 방송 환경이 달라지고 예능 경쟁이 치열해지자 과감히 방향을 틀었다. 요식업 창업으로 사업가의 길에 들어섰고, 이후 그 경험과 삶의 전환 이야기를 토대로 강연가이자 작가로 자리매김했다. 지금 그는 단순한 개그맨이 아니라 "삶의 전환과 도전을 말하는 강연가"라는 새로운 브랜드로 재탄생했다.

기업 사례로는 넷플릭스가 있다. 처음에는 DVD 대여 서비스로 시작했지만, 기술과 소비 패턴의 변화를 정확히 읽어내며 스트리밍으로 전환했고, 더 나아가 자체 콘텐츠 제작사로 발전했다. 그 결과 오늘날 넷플릭스는 세계적인 콘텐츠 기업으로 자리 잡았다.

학자 사례로는 김난도 교수를 들 수 있다. 그는 원래 소비자학을 연구하는 교수였지만, 사회와 산업의 변화 흐름을 읽어내어 『트렌드 코리아』 시리즈를 집필하면서 대중에게 "대한민국 대표 트렌드 분석가"로 브랜드를 확립했다. 학문적 연구를 대중적 통찰로 확장한 대표적인 사례이다.

이들의 공통점은 자신의 정체성은 유지하되, 시대 변화에 맞게 브랜드를 재정의하고 확장했다는 점이다. 결국 변화를 두려워하지 않는 것이 브랜드의 생명력을 유지하는 핵심이다.

3) 왜 브랜드는 시대와 함께 성장해야 하는가?

퍼스널 브랜드는 한 번 만들었다고 해서 영원히 동일한 모습으로 유지될 수 없다. 사회와 환경이 끊임없이 변화하기 때문에, 브랜드 역시 그 흐름에 맞게 성장하고 조정되어야 한다. 그렇지 않으면 브랜드는 금세 낡고 매력을 잃어버리게 된다.

무엇보다 환경 변화는 브랜드의 메시지와 방향을 바꾸도록 요구한다. 산업 구조가 변하고, 기술 트렌드가 급격히 발전하며, 사회적 이슈가 매일 새롭게 떠오른다. 과거에 통하던 방식이 지금은 더 이상 힘을 발휘하지 못한다. 예를 들어 오프라인 중심의 강의가 당연시되던 시절이 있었지만, 지금은 온라인 플랫폼을 통해 더 많은 사람에게 다가가야 한다. 메시지와 전달 방식을 시대에 맞게 조정하지 않으면, 브랜드는 점점 뒤처질 수밖에 없다.

또한 대중의 기대치 변화도 중요하다. 과거에는 단순히 전문성과 실적만으로도 인정받을 수 있었다. 하지만 지금은 다르다. 사람들은 전문가의 실력뿐 아니라, 그 사람의 스토리와 공감 능력, 가치관을 보고 브랜드를 판단한다. "이 사람이 어떤 철학을 가지고 살아가는가?", "내 삶에 어떤 울림을 줄 수 있는가?"라는 질문에 답할 수 있는 브랜드만이 선택된다. 단순한 정보 제공자는 AI가 대신할 수 있지만, 스토리와 가치관을 전하는 것은 오직 인간만이 할 수 있는 영역이다.

마지막으로 경쟁자의 증가를 빼놓을 수 없다. AI 시대에는 누구나 손쉽게 콘텐츠를 만들고 퍼뜨릴 수 있다. 이제는 '만드는 것' 자체가 경쟁력이 아니다. 중요한 것은 같은 콘텐츠를 어떻게 시대의 흐름 속에서 새롭게 해석하고, 자신만의 언어로 풀어내느냐이다. 시대와 맞지 않는 해석을 고집한다면 금세 잊혀지겠지만, 변화를 담아내는 브랜드는 오히려 더 돋보인다.

결국 퍼스널 브랜드가 시대와 함께 성장해야 하는 이유는 분명하다. 환경이 달라지고, 대중의 기대가 바뀌며, 경쟁자가 늘어나는 현실 속에서, 브랜드는 끊임없이 자신을 새롭게 정의해야만 생존하고 영향력을 확대할 수 있기 때문이다.

4) 내가 적용할 수 있는 변화 전략

퍼스널 브랜드를 오래도록 성장시키려면 시대 변화에 능동적으로 적응해야 한다. 중요한 것은 핵심 정체성은 지키되, 표현 방식은 시대에 맞게 바꾸는 것이다. 예를 들어 '성실함'이라는 가치는 변하지 않는 나의 핵심 정체성일 수 있다. 하지만 이를 전달하는 방식은 시대와 함께 진화해야 한다. 과거에는 블로그에 꾸준히 글을 쓰는 것이 성실함을 보여주는 방법이었다면, 지금은 유튜브 영상으로 더 생생하게 전달하거나, 나아가 AI 기반 브랜딩 툴을 활용해 일관된 메시지를 퍼뜨릴 수도 있다. 핵심은 본질은 유지하되, 포장과 표현은 새롭게 바꾸는 것이다.

또한 새로운 기술과 플랫폼을 빠르게 학습하고 활용하는 태도가 필요하다. 기술의 변화 속도는 과거보다 훨씬 빠르다. ChatGPT를 활용해 아이디어를 정리하거나 글쓰기 초안을 다듬을 수 있고, Canva AI 같은 도구로 손쉽게 비주얼 브랜딩을 강화할 수도 있다. LinkedIn은 글로벌 네트워킹을 위한 강력한 플랫폼이며, TikTok은 젊은 세대와 연결되는 중요한 창구이다. 이러한 플랫폼을 두려워하기보다 빠르게 학습하고 실험해보는 태도가 브랜드 성장에 결정적인 차이를 만든다.

마지막으로, 시대가 요구하는 가치와 나의 브랜드를 연결하는 전략이 필요하다. 지금은 ESG, 사회적 책임, 다양성과 포용성이 중요한 키워드로 자리 잡고 있다. 단순히 개인의 성공 스토리에 머무는 것이 아니라, 나의 활동이 어떻게 사회적 가치를 창출하는지 보여줄 때 브랜드는 더 깊은 신뢰와 지지를 얻는다. 예를 들어, 건강 코치라면 단순히 몸매 관리가 아니라 '건강한 사회 만들기'라는 메시지로 확장할 수 있고, 교육 전문가라면 단순한 기술 전수가 아니라 '모두가 기회를 갖는 배움의 장'이라는 가치와 연결할 수 있다.

즉, 핵심 정체성은 지키되 표현은 유연하게 바꾸고, 새로운 기술은 빠르게 받아들이며, 시대적 가치와 브랜드를 연결하는 것이 지금 내가 적용할 수 있는 가장 현실적인 변화 전략이다.

■ 질문하기

◎ 내 브랜드는 과거 3년 전과 비교해 어떻게 달라졌는가?

◎ 내가 사용하는 브랜드 언어와 채널은 시대 흐름과 맞는가?

◎ 앞으로 3년 후, 내 브랜드가 성장하기 위해 무엇을 바꿔야 하는가?

♣ 실습 박스

AI 실습 프롬프트

> 나는 내 퍼스널 브랜드가 시대 흐름에 맞게 잘 성장하고 있는지 점검하고 싶어.
> 내 브랜드 키워드는 [여기에 적기],
> 내가 활동하는 분야는 [여기에 적기]야.
> 이 정보를 바탕으로
> 1) 내 브랜드가 시대 흐름과 맞는 부분,
> 2) 시대 변화에 맞춰 보완해야 할 부분,
> 3) 향후 3년간 브랜드 성장 전략을 제안해줘

브랜드는 시대와 함께 끊임없이 진화해야 한다.
고명환처럼 기존의 직업·정체성을 유지하면서도 새로운 분야로 전환하거나, 넷플릭스와 김난도 교수처럼 시대 변화를 적극 수용할 때, 브랜드는 한계가 아닌 도약의 발판이 된다.

◆ 브랜드는 변화한다 : 시대와 함께 성장하기 - 워크북

Step 1. 과거 나의 브랜드 돌아보기

◎ 3년 전 나의 브랜드 키워드 3개:

① _____
② _____
③ _____

◎ 그때 사람들은 나를 어떻게 기억했는가?
→ _____

Step 2. 현재 나의 브랜드 점검

◎ 현재 나의 브랜드 키워드 3개:

① _____

② _____

③ _____

◎ 현재 나는 어떤 채널·콘텐츠로 브랜드를 표현하고 있는가?
→ _____

◎ 사람들이 지금 나를 어떻게 인식하는가?
→ _____

Step 3. 미래 나의 브랜드 설계 (3년 후)

◎ 3년 후 내가 원하는 브랜드 키워드 3개:

① _____

② _____

③ _____

◎ 앞으로 사람들에게 어떤 이미지로 기억되고 싶은가?
→ _____

◎ 이를 위해 지금 바꿔야 할 행동·표현 방식은 무엇인가?
→ _____

Step 4. 시대 변화 반영하기

◎ 현재 내 브랜드가 시대 흐름과 맞는 부분:

→ _____

◎ 시대 변화에 따라 보완해야 할 부분:

→ _____

◎ 내가 새롭게 도전하고 싶은 플랫폼·기술:

→ _____

Step 5. 실행 계획 (6개월 단위)

기간	실행 전략	점검 방법
1~6개월		
7~12개월		
13~18개월		
19~24개월		
25~36개월		

이 워크북을 활용하면 독자는 단순히 브랜드를 "지금"에만 맞추는 것이 아니라, 과거 - 현재 - 미래를 연결하는 성장 스토리로 설계할 수 있습니다.

7.2 디지털 전환과 브랜드 전략

1) 왜 디지털 전환이 브랜드의 핵심인가?

오늘날 퍼스널 브랜드는 더 이상 오프라인 명함이나 직함으로 평가되지 않는다. 누군가의 진짜 영향력은 온라인에서 어떻게 보이는가, 그리고 어떤 흔적을 남기고 있는가로 판단된다. 다시 말해, 브랜드의 무게 중심은 오프라인에서 디지털 환경으로 완전히 이동한 것이다.

디지털 전환은 단순히 새로운 기술을 사용하는 문제가 아니다. 그것은 내 브랜드를 디지털 공간에서 어떻게 보여주고, 어떻게 관리할 것인가라는 전략적 선택이다. 오프라인에서는 한 번의 만남이나 평판이 인상을 좌우했지만, 지금은 SNS 프로필, 온라인 콘텐츠, 디지털 네트워크가 그 역할을 대신한다.

과거에는 명함과 오프라인 평판이 브랜드의 주요 자산이었다. 그러나 현재는 인스타그램, 유튜브, 브런치, 링크드인 같은 채널에서 내가 어떤 메시지를 꾸준히 발신하는지가 곧 신뢰도를 결정한다. 더 나아가 미래에는 AI 기반 브랜딩, 빅데이터 분석, 디지털 리포트 등을 통해 나의 영향력이 수치와 데이터로 검증될 것이다.

따라서 디지털 전환 시대의 퍼스널 브랜드는 세 가지 핵심 요소를 반드시 확보해야 한다.

첫째, 언제 어디서든 검색하면 쉽게 발견될 수 있는 가시성(Visibility)이다.

둘째, 채널과 상황이 달라져도 변함없이 같은 철학과 톤으로 이어지는 일관성(Consistency)이다.

셋째, 단순히 화려한 이미지를 넘어서 진정성과 전문성을 기반으로 구축되는 신뢰성(Credibility)이다.

결국 디지털 전환은 퍼스널 브랜드의 선택이 아니라 생존 전략이다. 시대가 변하면서 브랜드가 설 자리는 점점 디지털로 옮겨가고 있으며, 이 흐름을 잡는 사람이 곧 영향력과 기회를 선점하게 된다

2) 디지털 전환 시대 브랜드 전략 핵심 요소

디지털 전환의 시대에 퍼스널 브랜드를 키우기 위해서는 단순히 온라인에 존재하는 것만으로는 부족하다. 프로필 관리, 콘텐츠 전략, 데이터 피드백, 네트워크 확장이라는 네 가지 축을 체계적으로 관리해야 한다.

첫째, 온라인 프로필 관리이다. LinkedIn, 인스타그램, 브런치, 유튜브 등 채널마다 운영 방식은 다르지만, 브랜드 메시지는 반드시 통일되어야 한다. 프로필 사진, 자기소개 문구, 슬로건은 내가 정의한 핵심 키워드와 일치해야 한다. 누군가 처음 내 페이지를 방문했을 때 "이 사람은 어떤 사람인가?"라는 질문에 한눈에 답이 나와야 한다.

둘째, 콘텐츠 전략이다. 지금의 디지털 환경에서는 짧고 명확한 콘텐츠가 강력하다. 카드뉴스, 숏폼 영상처럼 빠르게 소비되는 형식이 대표적이다. 그러나 형식만 짧다고 해서 영향력이 생기는 것은 아니다. 개인 경험과 그 경험에서 얻은 인사이트를 결합해야 신뢰를 얻을 수 있다. 또한 ChatGPT, Canva AI, Notion AI 같은 AI 도구를 적극적으로 활용하면 콘텐츠 제작의 효율을 극대화할 수 있다.

셋째, 데이터 기반 피드백이다. 감에 의존하기보다 실제 데이터를 통해 사람들이 나를 어떻게 인식하는지 확인해야 한다. 어떤 게시물이 가장 많은 반응을 얻는지 SNS 인사이트를 분석하고, 꾸준히 성과 데이터를 점검해야 한다. 그래야만 "내 브랜드 메시지가 제대로 전달되고 있는가?"를 객관적으로 확인할 수 있다.

넷째, 디지털 네트워크 확장이다. 온라인 커뮤니티, 세미나, 웨비나에 참여하면서 연결의 폭을 넓혀야 한다. 팔로워는 단순한 숫자가 아니라 나의 브랜드를 지지하는 사람들이다. 이들을 관리하고, 소통하며, 함께 성장하는 과정에서 브랜드는 더 큰 영향력을 얻게 된다.

결국 디지털 전환 시대의 브랜드 전략은 통일된 프로필 → 신뢰 기반 콘텐츠 → 데이터 점검 → 지지자 네트워크 확장이라는 선순환 구조를 만들어내는 것이다.

3) 사례 : 표영호(개그맨 → 부동산 유튜버 → 강연가)

표영호는 원래 개그맨으로 출발했지만, 방송 환경 변화 이후 단순한 연예 활동에 머무르지 않았다. 그는 부동산 관련 콘텐츠를 다루는 유튜브 채널을 운영하며 대중과의 접점을 넓혔고, 현재는 "개그맨 출신이지만 부동산 유튜버로 더 유명한 인물"로 자리 잡았다. 단순히 정보 전달이 아니라 자신의 경험과 분석을 결합해 신뢰를 얻었으며, 이후 강연과 교육 활동까지 확장하면서 "부동산 투자와 자기계발을 동시에 전하는 멘토"라는 브랜드 이미지를 구축했다.

> ■ 디지털 시대, 나의 브랜드 전략 질문
> ◎ 내 디지털 프로필(LinkedIn, SNS)은 내 브랜드 키워드를 잘 반영하고 있는가?
> ◎ 내가 만드는 콘텐츠는 단순 정보 전달인가, 브랜드 스토리를 담은 차별화 콘텐츠인가?
> ◎ 데이터를 통해 내 브랜드 영향력을 점검하고 있는가?
> ◎ 온라인 네트워크에서 나는 '수동적 소비자'인가, '적극적 생산자'인가?

♣ 실습 박스

AI 실습 프롬프트

> 나는 내 퍼스널 브랜드를 디지털 전환에 맞게 강화하고 싶어.
> 내 브랜드 키워드는 [여기에 적기],
> 내가 활동하는 채널은 [예: LinkedIn, YouTube, Instagram]이야.
> 이 정보를 바탕으로
> 1) 온라인 프로필 관리 전략,
> 2) 나만의 콘텐츠 기획 아이디어,
> 3) 데이터 기반 피드백·브랜드 점검 방법을 제안해줘.

디지털 전환 시대에는 "나를 어떻게 보여주느냐"가 "내가 누구냐"보다 먼저 평가된다.

그러므로 퍼스널 브랜드는 오프라인 명함에 머무르지 않고, 디지털 콘텐츠·데이터·네트워크를 통해 끊임없이 진화해야 한다.

◈ 디지털 전환과 브랜드 전략 워크북

Step 1. 나의 디지털 브랜드 현황 점검

◎ 내가 주로 사용하는 디지털 채널은?
→ _____

◎ 현재 내 브랜드 키워드 3개 :
① _____
② _____

③ _____

◎ 내 프로필(사진, 소개, 슬로건)이 브랜드 키워드와 일치하는가?

→ ☐ 예 ☐ 아니오 → 수정 필요 부분 : _____

Step 2. 디지털 프로필 관리 체크리스트

☐ 프로필 사진이 최신 이미지이며 브랜드 키워드를 반영한다
☐ 자기소개 문구에 나의 브랜드 핵심 메시지가 담겨 있다
☐ 모든 채널(LinkedIn, Instagram, YouTube 등)에서 일관성 유지
☐ 브랜드 컬러·톤앤매너가 통일되어 있다
☐ 체크 후, 보완해야 할 항목: _____

Step 3. 나의 콘텐츠 전략

◎ 내가 전달하고 싶은 브랜드 메시지:

→ _____

◎ 내가 주로 다룰 콘텐츠 주제(3개):

① _____
② _____
③ _____

적합한 콘텐츠 형태 :

☐ 블로그 글 ☐ 카드뉴스 ☐ 숏폼 영상 ☐ 라이브 방송 ☐ 강연 요약

☐ 첫 번째 실행 콘텐츠 아이디어 : _____

Step 4. 데이터 기반 점검
◎ 내가 측정할 KPI(성과 지표):
→ ☐ 조회수 ☐ 팔로워 증가 ☐ 댓글/좋아요 수 ☐ 공유 횟수
　 ☐ 강연/협업 요청
◎ 점검 주기 :
→ ☐ 주간 ☐ 월간 ☐ 분기별
☐ 데이터를 통해 확인할 포인트 : _____

Step 5. 디지털 네트워크 확장
◎ 내가 참여할 온라인 커뮤니티/세미나 :
→ _____

◎ 새롭게 연결하고 싶은 인플루언서/전문가 :
→ _____

◎ 네트워크 확장을 위해 내가 제공할 수 있는 가치 :
→ _____

이 워크북을 활용하면 독자는 "내 브랜드가 디지털 환경에서 잘 표현되고 있는가?"를 객관적으로 점검하고, **프로필 - 콘텐츠 - 데이터 - 네트워크**까지 연결된 실행 전략을 세울 수 있습니다.

7.3 성공 브랜드 vs 실패 브랜드 비교

브랜드를 만든다고 해서 모두 성공하는 것은 아니다. 어떤 브랜드는 대중의 사랑을 받으며 오랫동안 성장하지만, 어떤 브랜드는 잠시 반짝하다가 이내 사라진다. 그렇기 때문에 성공 브랜드와 실패 브랜드의 차이를 아는 것은 매우 중요하다. 그 차이를 이해하는 순간, 나는 실패를 피하고 성공의 길을 선택할 수 있다.

성공하는 브랜드는 몇 가지 공통된 특징을 지닌다.

첫째, 일관된 메시지이다. 시간이 흘러도 핵심 가치는 변하지 않는다. 애플이 오랜 시간 동안 "혁신과 심플함"을 중심 가치로 유지해온 것이 대표적인 사례이다. 동시에 환경 변화에 맞게 자신을 유연하게 조정할 줄 안다. 개그맨에서 사업가, 강연가로 성공적인 전환을 이룬 고명환의 사례가 이를 잘 보여준다.

둘째, 신뢰 구축이다. 성공하는 브랜드는 단기 이벤트에 의존하지 않고, 꾸준한 실행과 성과를 통해 신뢰를 쌓는다. 줄기세포 연구에서 권위자로 자리매김한 박세필 교수 역시 오랜 기간의 연구와 성취를 통해 대중과 학계의 신뢰를 얻었다.

셋째, 스토리텔링이다. 성공적인 브랜드는 단순히 기능이나 제품을 알리는 수준에 머물지 않는다. 스토리와 감정을 통해 사람들의 기억 속에 각인된다. 예를 들어, 무신사는 단순한 온라인 패션 커뮤니티에서 출발했지만, "패션 문화 플랫폼"이라는 브랜드 스토리를 만들어내며 대중의 마음속에 특별한 의미로 자리 잡았다.

반면 실패하는 브랜드에는 또 다른 공통점이 있다.

첫째, 일관성 부족이다. 상황에 따라 메시지가 계속 바뀌면서 대중은 혼란을 느끼고 결국 신뢰를 잃게 된다.

둘째, 변화 거부이다. 시대의 흐름을 무시하고 새로운 기술과 트렌드를 외면하면 금세 뒤처진다. 필름 카메라 시대에 디지털 전환을 놓쳐 몰락한 코닥이 대표적인 예이다.

셋째, 단기 성과 집착이다. 장기적인 신뢰를 구축하기보다 즉흥적인 인기와 이벤트에만 매달리는 브랜드는 오래 살아남지 못한다. 넷째, 자기중심적 브랜딩이다. 고객과 청중의 관점은 무시한 채 "내가 하고 싶은 말"만 전달하면, 결국 대중과의 연결고리를 잃고 시장에서 소외된다.

정리하자면, 성공 브랜드는 핵심 가치의 일관성, 시대에 맞는 변화, 꾸준한 신뢰 구축, 감정적 스토리텔링, 고객 중심적 시각을 특징으로 한다. 반대로 실패 브랜드는 메시지의 혼란, 변화 거부, 단기 성과 집착, 자기중심적 접근으로 무너진다.

브랜드를 만들고 성장시키려는 사람이라면 반드시 이 두 가지 차이를 이해해야 한다. 성공 브랜드의 길을 따르고, 실패 브랜드의 함정을 피하는 것이 곧 퍼스널 브랜드를 지켜내는 핵심 전략이다.

> ■ 질문하기
> ◎ 나는 내 브랜드 메시지를 3년 동안 일관되게 유지했는가?
> ◎ 내 브랜드는 최근 기술·트렌드 변화에 적응하고 있는가?
> ◎ 사람들은 나를 '신뢰할 수 있는 브랜드'라고 말하는가?
> ◎ 내 브랜드는 스토리로 각인되는가, 아니면 단순한 직무 설명에 그치는가?

♣ 실습 박스

AI 실습 프롬프트

> 내 퍼스널 브랜드가 성공 브랜드에 가까운지, 실패 브랜드에 가까운지 점검하고 싶어.
> 내 브랜드 키워드는 [여기에 적기],
> 내가 활동하는 분야는 [여기에 적기]야.
> 이 정보를 바탕으로
> 1) 성공 브랜드와 비교했을 때 강점,
> 2) 실패 브랜드와 닮은 약점,
> 3) 성공 브랜드로 성장하기 위한 6개월 실행 전략을 제안해줘.

요약하면, 성공 브랜드는 시대와 함께 진화하며 신뢰를 축적하고, 실패 브랜드는 일관성과 변화 대응에서 무너진다.
내 브랜드를 점검할 때는 언제나 "나는 지금 어느 쪽에 가까운가?"를 자문해야 한다.

독자가 직접 자신의 브랜드를 점검하고, 성공 브랜드에 가까운지 실패 브랜드에 가까운지를 확인할 수 있도록 체크리스트와 작성 칸을 마련했습니다.

◆ 성공 브랜드 vs 실패 브랜드 비교 워크북

Step 1. 나의 브랜드 일관성 점검

◎ 내 브랜드 핵심 키워드(3개) :

① _____

② _____

③ _____

◎ 지난 3년간 내 메시지가 변하지 않고 유지된 부분은?

→ _____

◎ 메시지가 자주 흔들리거나 바뀌었던 부분은?

→ _____

Step 2. 성공 vs 실패 브랜드 체크리스트

구분	성공 브랜드	나의 점수 (1~5점)	실패 브랜드	나의 점수 (1~5점)
메시지	핵심 가치 일관성 유지		메시지 자주 변경, 혼란	
변화 대응	시대 흐름에 맞게 리브랜딩		변화 거부, 시대 뒤처짐	
신뢰	꾸준한 실행으로 신뢰 축적		단기 성과 집착	
스토리	감정·스토리로 각인		기능·스펙만 강조	
관점	고객·대중 중심		자기중심적 접근	

합계 점수(성공 vs 실패)를 비교해 현재 내 브랜드 위치를 파악해 보세요.

Step 3. 나의 강점 & 약점 분석

◎ 성공 브랜드와 닮은 점 (내 강점) :

→ _____

◎ 실패 브랜드와 닮은 점 (내 약점) :

→ _____

Step 4. 실행 전략 작성

◎ 단기(3개월) :

→ _____

◎ 중기(6개월) :

→ _____

◎ 장기(1년) :

→ _____

7.4 세대별 브랜딩 전략 (20대~시니어)

1) 왜 세대별 브랜딩 전략이 필요한가?

퍼스널 브랜드의 본질은 세대를 막론하고 같다. 결국 "사람들이 나를 어떻게 기억하느냐"의 문제다. 그러나 그것을 어떻게 표현하고, 어떤 방식으로 세상과 연결할 것인가는 세대별로 달라져야 한다.

20대에게는 정체성을 탐색하는 과정이 중요하다. 아직 커리어와 삶의 방향이 뚜렷하지 않은 시기이기에, "나는 누구인가?"라는 질문에 답을 찾아가는 여정이 곧 브랜드 구축의 출발점이다.

30~40대는 커리어의 한가운데에 서 있다. 이미 쌓아온 경험과 전문성을 바탕으로 영향력을 확장하고 신뢰를 구축하는 전략이 필요하다. 단순히 일 잘하는 사람을 넘어, "이 분야에서 반드시 찾아야 하는 전문가"라는 인식을 만들어야 한다.

50~60대에게는 또 다른 관점이 요구된다. 풍부한 경험과 네트워크를 자산화하여, 사회적 기여와 후배 세대 양성으로 브랜드를 확장해야 한다. 이 시기의 브랜드는 단순한 개인의 성취를 넘어, 사회적 유산(legacy)을 남기는 단계로 발전할 수 있다.

즉, 같은 퍼스널 브랜드라 하더라도 세대별 맞춤 전략이 있어야 진짜 힘을 발휘한다.

2) 세대별 브랜드 전략

① 20대 - 정체성을 탐색하는 브랜드

20대는 대학 생활이나 사회 초년생으로서 첫발을 내딛는 시기다. 이 시기의 핵심 질문은 "나는 누구인가?"이다. 아직 전문성이나 뚜렷한 성취가 없어도 괜찮다. 중요한 것은 자신의 관심사와 가치관을 탐색하고, 이를 작은 경험으로 이어가는 과정 자체가 곧 브랜딩이 된다는 점이다.

이 시기에는 자신의 목소리를 세상에 조금씩 내보내는 것이 필요하다. 블로그, 유튜브, 인스타그램 같은 SNS를 통해 배우고 느낀 것을 꾸준히 발신하는 것만으로도 "성장하는 사람"이라는 이미지를 형성할 수 있다. 또 다른 한편으로는 실제 경험을 쌓는 것이 중요하다. 인턴십, 프로젝트, 봉사활동 등을 통해 전공과 관심사를 연결하면, 단순한 활동이 아니라 미래 브랜드의 토대가 된다.

결국 20대의 브랜딩은 화려한 성과보다 탐색과 시도에 의미가 있다. 작은 기록과 경험이 쌓여 나중에 더 큰 브랜드 자산으로 발전하게 된다.

② 30대 - 전문성을 구축하는 브랜드

30대는 사회에서 역할이 본격적으로 자리 잡는 시기다. 더 이상 "가능성 있는 신입"이 아니라, "성과로 증명해야 하는 전문가"로 평가받는다. 이 시기에 필요한 것은 바로 전문성 구축이다.

전문성은 단순히 오랜 경험에서 오는 것이 아니다. 내가 집중하는 분야, 내가 해결할 수 있는 문제, 내가 대표할 수 있는 가치를 명확한 키워드로 정리하는 것에서 출발한다. 예를 들어, 마케팅을 하는 사람이라면 '브랜드 마케팅' '데이터 기반 마케팅' '디지털 마케팅 운영'처럼 자신의 강점을 대표하는 단어를 붙일 수 있어야 한다.

전문성을 세상에 보이는 방법도 중요하다. LinkedIn에서 자신의 프로젝트와 성과를 기록하고, 사내 세미나나 업계 컨퍼런스에서 발표하며, 글과 콘텐츠로 지식을 발산해야 한다. 이렇게 하면 단순히 "일 잘하는 사람"이 아니라, "업계에서 이름을 알리는 전문가"로 자리매김할 수 있다.

사례를 보자. 직장인 A씨는 마케팅 분야에서 10년 가까이 일했지만, 초반에는 그저 "열심히 하는 팀원"으로만 평가받았다. 그러나 그는 데이터 분석 역량을 집중적으로 키우고, "데이터 기반 마케팅 전문가"라는 키워드를 자신의 브랜드로 설정했다. 이후 사내 프로젝트 성과를 LinkedIn에 공유하고, 외부 세미나에서 발표를 이어가며 자신의 이름을 알렸다. 그 결과, 동료와 업계 사람들은 그를 단순한 마케터가 아닌 "데이터로 말하는 전문가"로 기억하게 되었다.

30대의 브랜드는 단순히 '경력 연차'로 쌓이지 않는다. 전문성을 키워드로 확립하고, 이를 꾸준히 드러내는 노력이 쌓일 때, 브랜드는 한 단계 도약한다.

③ 40대 - 영향력을 확장하는 브랜드

40대는 커리어와 인맥이 무르익는 시기다. 단순히 자신의 업무 성과를 보여주는 단계에서 벗어나, 이제는 "리더십 브랜드"로 확장해야 할 때다. 이 시기에는 더 이상 혼자 성과를 내는 사람이 아니라, 사람과 조직에 영향력을 미치는 사람으로 기억되어야 한다.

브랜드를 확장하는 가장 효과적인 방법은 경험을 나누는 것이다. 강연을 통해 자신의 이야기를 들려주고, 출판으로 지식을 정리하며, 멘토링을 통해 후배를 양성하는 과정에서 자연스럽게 리더십이 각인된다. 중요한 것은 단순히 직무 전문가로 보이는 것을 넘어, '이 사람과 함께라면 배우고 성장할 수 있다'는 신뢰를 주는 일이다."

사례로, 무신사의 창업자 조만호 대표는 처음에 온라인 패션 커뮤니티 운영자로 출발했다. 그러나 그는 40대에 접어들면서 커뮤니티를 넘어 패션 업계 전반을 이끄는 리더로 브랜드를 확장했다. 투자자, 파트너, 디자이너들과의 협업을 통해 개인의 브랜드를 기업 브랜드와 연결시켰고, 지금은 '업계를 움직이는 영향력 있는 리더'로 자리매김했다. 결국 40대의 퍼스널 브랜드 전략은 "내가 무엇을 잘하는가"에서 "내가 누구에게 어떤 영향을 주는가"로 초점을 전환하는 것이다. 이 시기를 잘 활용하면, 브랜드는 단순한 개인적 성취를 넘어 산업과 사회를 이끄는 힘으로 성장할 수 있다

④ 50대 - 경험을 자산화하는 브랜드

50대는 인생과 커리어에서 축적된 경험이 가장 무르익는 시기다. 이때의 브랜드 전략은 단순히 "내가 해온 일"을 나열하는 것이 아니라, 그 경험을 어떻게 사회적 가치로 전환할 것인가에 초점을 맞춰야 한다.

많은 이들이 퇴직 이후를 불안의 시기로 바라보지만, 사실 이 시기는 새로운 시작점이 될 수 있다. 기업에서 쌓아온 수십 년의 경험은 후배 세대가 쉽게 따라올 수 없는 고유한 자산이기 때문이다. 중요한 것은 이를 제대로 언어화하고 구조화하여, 나만의 브랜딩 자원으로 전환하는 것이다.

필자가 알고 있는 경영지도사 K씨는 대기업에서 25년을 조직 운영과 전략 기획을 담당한 베테랑이었다. 그러나 그는 정년을 앞두고 스스로를 '퇴직자'로 남는 대신, 오히려 지금까지의 경력을 기반으로 새로운 방향을 찾기 시작했다.

퇴직 후 그는 바로 대학원에 진학해 학위를 취득했고, 이어 경영지도사 자격증에 도전하며 자신의 전문성을 다시 설계했다. K씨에게 이 과정은 단순한 커리어의 연장이 아니었다. 과거의 경험을 다시 묶어 내 삶의 의미를 재정의하는, 일종의 **브랜드 리빌딩** 작업이었다.

그는 자신의 25년 경력을 '마침표'가 아닌 '새로운 장의 서문'으로 만들었다. 이런 태도가 결국 중장년층이 AI 시대에도 살아남는 핵심 전략임을 K씨는 몸소 보여주고 있었다.

그의 퍼스널 브랜드는 이제 단순한 "대기업 출신 관리자"가 아니다. 그는 "현장의 경험과 학문적 전문성을 동시에 갖춘 실전형 경영 멘토"라는 새로운 정체성을 확보했다. 실제로 창업을 준비하는 청년 창업가와 중소기업 대표들에게 컨설팅을 제공하며, 자신의 경험을 체계화된 지식으로 전달하는 역할을 하고 있다.

결국 50대의 브랜드는 "개인의 성취를 사회적 기여로 확장하는 단계"다. 회사에서 쌓은 경험을 새로운 문맥에서 재구성할 때, 브랜드는 단순한 과거의 성과를 넘어 후대와 사회에 전해지는 유산으로 자리매김한다.

⑤ 60대 - 사회적 기여와 유산을 남기는 브랜드

60대는 커리어의 결실을 맺는 동시에, 삶의 방향을 '나의 성취'에서 '사회의 기여'로 전환하는 시기다. 이미 성과와 경험은 충분히 쌓였기에, 이제는 그것을 나누고, 세상에 어떤 흔적을 남길 것인가가 핵심 질문이 된다.

이 시기의 퍼스널 브랜드는 단순히 "전문가"가 아니라, "후배와 사회를 위한 길잡이"라는 메시지를 담아야 한다. 강연, 사회공헌 활동, 책 집필, 지역사회 멘토링 등을 통해 개인의 경험을 공동체의 자산으로 환원하는 것이 중요하다. 이는 단순한 봉사가 아니라, 자신의 브랜드를 '지속 가능한 유산'으로 확장하는 과정이다.

사례로, 모 은행의 지점장이었던 H씨는 은퇴 후 뜻이 맞는 지인들과 함께 협동조합을 설립해 "청년 대상 금융 프로그램 교육"과 "시니어 전직 지원" 활동을 이어가고 있다. 그는 퇴직 후 단순히 여가를 즐기기보다, 그동안 쌓아온 금융 지식과 경험을 멘토링과 사회공헌으로 연결했다. 그 결과, H씨는 더 이상 단순히 '전직 은행 지점장'이 아니라, "청년과 시니어에게 꿈과 희망을 전하는 희망의 전도사"라는 새로운 브랜드로 자리매김하게 되었다.

결국 60대의 퍼스널 브랜드 전략은 "나는 무엇을 남기고 싶은가?"라는 질문으로 요약된다. 개인의 업적을 넘어, 다음 세대와 사회 전체에 긍정적인 흔적을 남길 때 브랜드는 비로소 한 사람의 삶을 넘어서는 가치를 가지게 된다.

> ■ 질문하기
> ◎ 나는 현재 어느 세대에 속하는가?
> ◎ 지금 내 세대에서 가장 강조해야 할 브랜드 키워드는 무엇인가?
> ◎ 10년 뒤, 나는 어떤 브랜드 이미지를 남기고 싶은가?

♣ 실습 박스

AI 실습 프롬프트

> 나는 [현재 나이대/세대]야.
> 내 브랜드 키워드는 [여기에 적기],
> 내가 활동하는 분야는 [여기에 적기]야.
> 이 정보를 바탕으로
> 1) 내 세대에 맞는 브랜드 전략,
> 2) 앞으로 10년간 브랜드 성장 포인트,
> 3) 지금 당장 실행할 수 있는 3가지 행동을 제안해줘.

요약하면, 퍼스널 브랜드는 세대별로 표현과 전략이 달라져야 한다. 20대는 정체성을, 30대는 전문성을, 40대는 영향력을, 50대는 경험의 자산화를, 시니어는 사회적 기여와 레거시를 강조할 때, 그 브랜드는 세상에 깊은 흔적을 남길 수 있다.

◆ 세대별 브랜딩 전략 워크북

Step 1. 내 세대 확인하기
- ☐ 20대 (정체성 탐색)
- ☐ 30대 (전문성 구축)
- ☐ 40대 (영향력 확장)
- ☐ 50대 (경험 자산화)

☐ 60대+ (레거시·사회적 기여)

나는 현재 _____ 세대다.

Step 2. 내 브랜드 키워드
현재 나의 브랜드 키워드 3개:

① _____

② _____

③ _____

이 키워드가 내 세대 전략과 맞는가?

→ ☐ 예 ☐ 아니오 (보완할 키워드: _____)

Step 3. 세대별 브랜드 전략 점검표

구분	나의 현 상황	실행해야 할 전략
20대		관심사 콘텐츠화, 인턴·실습
30대		전문성 키워드 확립, 가시화
40대		강연·출판·멘토링, 리더십 확장
50대		경험 자산화, 사회적 신뢰 구축
60대		사회적 기여, 레거시 남기기

내 세대 칸을 채우고 실행 전략을 구체화하세요.

Step 4. 10년 후 내 브랜드 모습
사람들이 10년 후 나를 어떻게 기억하기를 원하는가?

→ _____

내가 남기고 싶은 브랜드 키워드(3개):

① _____

② _____

③ _____

Step 5. 실행 계획 (6개월 단위)

기간	실행 전략	점검 방법
1~6개월		
7~12개월		
13~18개월		
19~24개월		
25~36개월		

7.5 동기부여 코너: 나의 브랜드가 세상에 미칠 영향력

1) 왜 영향력을 고민해야 하는가?

퍼스널 브랜드는 단지 '내가 잘 되는 것'에 머무르지 않는다.

진정한 브랜드는 타인에게 가치를 주고, 사회에 기여하며, 세상을 더 나은 방향으로 움직이는 힘을 가진다.

마하트마 간디는 이렇게 말했다.

"당신이 세상에서 보고 싶은 변화가 되라."

즉, 브랜드는 나만의 이익이 아니라 세상 속 변화를 이끄는 씨앗이 되어야 한다.

2) 브랜드의 영향력 3단계

브랜드의 영향력은 단순히 나 자신에게서 끝나지 않는다. 그것은 개인을 넘어 타인, 그리고 사회 전체로 확장될 수 있다. 이 확장의 과정은 세 가지 단계로 구분할 수 있다.

첫째, 개인적 영향력이다. 이는 자기 자신에게 동기와 성취감을 주는 단계다. 예를 들어 한 직장인이 회사에서 '기획 전문가'로 성장하면서 자신의 경력에 대한 자신감을 얻는 경우다. 이 단계에서 브랜드는 내 안에서 에너지를 일으키며, 더 나아가고자 하는 원동력이 된다.

둘째, 타인에게 주는 영향력이다. 이 단계에서는 가까운 사람들에게 긍정적인 자극을 준다. 대표적인 사례로 가수 션을 들 수 있다. 그는 단순히 가수 활동에 머무르지 않고, 꾸준한 기부와 나눔 활동을 실천하며 많은 이들에게 선한 영향력을 전하고 있다. 션의 브랜드는 단순한 연예인이 아니라, "기부와 선행의 아이콘"으로 자리 잡아 주변 사람들에게 도전과 영감을 주고 있다.

셋째, 사회적 영향력이다. 이 단계는 브랜드가 사회 전체에 가치와 변화를 만들어내는 수준으로 확장된 경우다. 김난도 교수는 『트렌드 코리아』 시리즈를 통해 매년 사회 전반의 흐름을 분석하고, 개인과 기업이 나아갈 방향을 제시해 왔다. 그의 브랜드는 단순한 학자의 연구 성과를 넘어, 사회 전반에 새로운 비전과 담론을 만들어내는 영향력으로 확장되었다.

결국 중요한 질문은 이것이다. "나의 브랜드는 지금 어디에 위치하고 있는가?" 개인적 차원에 머물러 있는가, 아니면 타인과 사회로 확장되고 있는가? 브랜드는 개인 → 타인 → 사회로 확장될수록 그 영향력은 더욱 강력해지고, 그 사람의 삶 또한 더 깊은 의미를 갖게 된다.

> ■ 질문하기
> ◎ 나의 브랜드가 개인 → 타인 → 사회 단계 중 어디에 있는가?
> ◎ 나는 내 브랜드를 통해 어떤 변화를 만들고 싶은가?
> ◎ 내 브랜드가 10년 후 사회에 남길 흔적은 무엇일까?

♣ 실습 박스

AI 실습 프롬프트

> 나는 내 퍼스널 브랜드가 세상에 어떤 긍정적 영향력을 미칠 수 있을지 고민하고 있어.
> 내 브랜드 키워드는 [여기에 적기],
> 내 활동 분야는 [여기에 적기]야.
> 이 정보를 바탕으로
> 1) 내 브랜드가 개인·타인·사회에 줄 수 있는 영향력,
> 2) 단기적으로 시작할 수 있는 작은 변화,
> 3) 장기적으로 남길 수 있는 레거시를 제안해줘.

당신의 브랜드는 단지 '이름표'가 아니라, 누군가의 인생에 변화를 주는 힘이다. 작은 글 한 편, 진심 어린 강연 한 번, 성실한 프로젝트 하나가 누군가에게는 인생의 방향을 바꾸는 불씨가 된다.

◆ 워크북: 나의 브랜드가 세상에 미칠 영향력

Step 1. 내 브랜드 키워드 작성

◎ 내 브랜드 키워드 3개 :

① _____

② _____

③ _____

◎ 내가 활동하는 주요 분야 :

→ _____

Step 2. 개인적 영향력 (나 자신에게 주는 변화)

◎ 내 브랜드가 나 자신에게 주는 동기·성취감은 무엇인가?

→ _____

◎ 내 브랜드 덕분에 내가 더 성장한 부분은 무엇인가?

→ _____

Step 3. 타인에게 주는 영향력

◎ 내 브랜드가 가까운 동료·친구·고객에게 준 긍정적 영향은 무엇인가?

→ _____

◎ 앞으로 내가 타인에게 주고 싶은 메시지·가치는 무엇인가?

→ _____

Step 4. 사회적 영향력

◎ 내 브랜드가 사회 전체에 기여할 수 있는 부분은 무엇인가?

→ _____

◎ 10년 후, 내 브랜드가 남기고 싶은 흔적(레거시)은 무엇인가?

→ _____

Step 5. 실행 계획 (작은 변화에서 시작)

기간	작은 실행 행동	기대 효과
1개월		
3개월		
6개월		

7.6 미래 비전 선언문

1) 왜 미래 비전 선언문이 필요한가?

퍼스널 브랜드는 단순히 '현재의 나'를 보여주는 것이 아니다. 그것은 '미래의 나'를 향한 약속이며, 내가 되고자 하는 모습으로 나아가기 위한 나침반이다. 이때 미래 비전 선언문은 단순한 계획서가 아니라, 나 자신과 타인, 그리고 사회와 맺는 약속이 된다.

내가 원하는 브랜드 이미지와 영향력을 선언문 속 문장으로 명확히 규정할 때, 방향은 흔들리지 않는다. 순간적인 선택이나 주변의 시선에 흔들리지 않고, 선언문이 나의 길을 지켜주는 기준점이 된다.

스티븐 코비는 『성공하는 사람들의 7가지 습관』에서 "모든 것은 두 번 창조된다. 먼저 마음속에서, 그리고 현실에서"라고 말했다. 선언문은 바로 그 첫 번째 창조이다. 마음속에서 분명하게 그려낸 미래의 모습을 글로 선언할 때, 그것은 현실로 옮겨질 준비가 시작되는 것이다.

따라서 미래 비전 선언문은 단순한 글이 아니라, 브랜드의 첫 번째 창조물이자 앞으로의 행동을 이끄는 강력한 약속이다.

2) 미래 비전 선언문 구성 요소

① 나의 정체성(Identity)

→ 나는 누구이며, 어떤 브랜드 키워드를 가진 사람인가?

② 가치(Value)

→ 나는 어떤 가치를 세상에 전달할 것인가?

③ 행동(Action)

→ 나는 어떤 방식으로 그 가치를 실천할 것인가?

④ 비전(Vision)

→ 나는 5년, 10년 뒤 어떤 브랜드로 기억되고 싶은가?

3) 예시 – 미래 비전 선언문

① 직장인 HR 전문가 버전

"나는 사람과 조직의 성장을 연결하는 HR 전문가다. 앞으로 5년 안에 데이터 기반 HR 전략과 사람 중심의 리더십을 결합하여, 조직이 지속 가능한 성과를 내도록 돕겠다. 또한 채용·인재 개발·조직 문화 혁신의 경험을 글과 강연으로 나누어, HR 분야 후배들과 기업들에게 새로운 성장 모델을 제시하겠다."

② 창업가 버전

"나는 혁신적인 아이디어와 실행력을 가진 창업가다. 앞으로 10년 안에 내 브랜드를 글로벌 무대에 세우고, 나와 같은 창업가들에게 '불가능은 없다'는 메시지를 전하는 롤모델이 되겠다."

■ 질문하기

◎ 나는 어떤 브랜드 키워드를 가진 사람인가?

◎ 나의 브랜드는 앞으로 5년, 10년 뒤 어디에 서 있기를 원하는가?

◎ 내 브랜드가 사회와 타인에게 주고 싶은 메시지는 무엇인가?

♣ 실습 박스

AI 실습 프롬프트

나는 내 퍼스널 브랜드의 미래 비전을 선언문 형태로 작성하고 싶어.

내 브랜드 키워드는 [여기에 적기],

내 활동 분야는 [여기에 적기],

앞으로 10년 안에 이루고 싶은 목표는 [여기에 적기]야.

이 정보를 바탕으로

1) 나의 정체성(Identity),

2) 가치(Value),

3) 행동(Action),

4) 비전(Vision)을 담은 '미래 비전 선언문'을 작성해줘.

선언문을 쓰는 순간, 퍼스널 브랜드는 더 이상 '생각'이 아니라 '약속'이 된다.
그리고 그 약속은 나의 행동을 이끌어, 결국 현실이 된다.

◆ 워크북 : 미래 비전 선언문

Step 1. 나의 정체성 (Identity)

◎ 나는 누구인가? (나의 직업·역할·강점)

→ _____

◎ 나의 브랜드 키워드 3개:

① _____

② _____

③ _____

Step 2. 나의 가치 (Value)

◎ 내가 세상에 전달하고 싶은 가치는 무엇인가?

→ _____

◎ 내가 반드시 지키고 싶은 원칙은 무엇인가?

→ _____

Step 3. 나의 행동 (Action)

◎ 내가 매일 실천해야 할 핵심 행동은 무엇인가?

① _____

② _____

③ _____

◎ 내가 브랜드 확장을 위해 도전하고 싶은 활동은 무엇인가?

→ _____

Step 4. 나의 비전 (Vision)

◎ 5년 후, 나는 어떤 브랜드로 기억되고 싶은가?

→ _____

◎ 10년 후, 내 브랜드가 남길 사회적 영향력은 무엇인가?

→ _____

> Step 5. 미래 비전 선언문 작성
>
> [예시: 문장 구조]
>
> "나는 [정체성]이다. 나는 [가치]를 세상에 전달하며, [행동]을 통해 이를 실천한다. 앞으로 [비전]을 이루어, [사회적 영향력]을 남기겠다."
>
> ☞ 나의 선언문:
>
> → _____ →
>
> _____
>
> → _____

이 워크북은 독자가 **현재의 나 → 내가 원하는 미래의 나 → 사회적 영향력**까지 연결된 선언문을 직접 작성하도록 설계되었습니다. 30대 직장인, 팀 리더로 성장 중인 상황을 가정했습니다.

부록
· 퍼스널 브랜드 자가진단표
· AI 프롬프트 모음집
· 30일 브랜딩 챌린지

퍼스널 브랜드 자가진단표

아래 문항을 읽고, 각 항목이 자신에게 어느 정도 일치하는지 1~5점으로 표시하세요. (1 = 전혀 아니다 / 5 = 매우 그렇다)

1. 브랜드 정체성 (Identity)

문항	점수(1~5)
나는 나를 대표하는 브랜드 키워드 3개를 명확히 알고 있다	☐ 1 ☐ 2 ☐ 3 ☐ 4 ☐ 5
내 직업/역할이 아닌, 나만의 강점과 가치를 설명할 수 있다	☐ 1 ☐ 2 ☐ 3 ☐ 4 ☐ 5
사람들이 나를 떠올릴 때 공통적으로 말하는 이미지가 있다	☐ 1 ☐ 2 ☐ 3 ☐ 4 ☐ 5

2. 브랜드 표현 (Expression)

문항	점수(1~5)
내 프로필 사진·자기소개·SNS 계정이 일관된 톤앤매너를 가진다	☐ 1 ☐ 2 ☐ 3 ☐ 4 ☐ 5
내가 만든 콘텐츠(글·영상·강연)가 나의 브랜드 메시지를 잘 전달한다	☐ 1 ☐ 2 ☐ 3 ☐ 4 ☐ 5
대면·온라인에서 내가 주고 싶은 인상이 일치한다	☐ 1 ☐ 2 ☐ 3 ☐ 4 ☐ 5

3. 브랜드 실행 (Execution)

문항	점수(1~5)
나는 매달 브랜드를 성장시키기 위한 작은 실행 계획을 실천한다	☐ 1 ☐ 2 ☐ 3 ☐ 4 ☐ 5

문항	점수(1~5)
피드백(동료·고객·멘토)을 수집하고 브랜드에 반영한다	□ 1 □ 2 □ 3 □ 4 □ 5
나는 온라인·오프라인 네트워크를 꾸준히 확장하고 있다	□ 1 □ 2 □ 3 □ 4 □ 5

4. 브랜드 성장·확장 (Growth & Expansion)

문항	점수(1~5)
나는 내 브랜드를 시대 흐름(디지털 전환, AI 등)에 맞게 조정한다	□ 1 □ 2 □ 3 □ 4 □ 5
내 브랜드는 개인 성취를 넘어 타인에게 긍정적 영향을 준다	□ 1 □ 2 □ 3 □ 4 □ 5
나는 5년~10년 뒤의 브랜드 비전을 명확히 그리고 있다	□ 1 □ 2 □ 3 □ 4 □ 5

▶ 총점 계산 : (   ) 점 / 60점

▶ 점수 해석

50~60점 : 브랜드 정체성과 확장이 뚜렷하다. → 지금처럼 유지·발전 전략 필요

35~49점 : 브랜드 기반은 있으나 실행·표현에서 보완 필요

20~34점 : 브랜드 방향이 불분명하다. → 키워드 정립과 기본 전략 점검 필요

20점 미만 : 브랜드 기초부터 새롭게 설계해야 한다.

☞ 내 브랜드 개선 포인트

내가 가장 점수가 낮았던 영역 : _____

앞으로 보완하고 싶은 부분 : _____

실행 계획 (3개월 내) : _____

이 자가진단표는 독자가 책을 다 읽은 후 스스로 점검하고 바로 실행할 수 있는 부록 도구로 적합합니다.

AI 프롬프트 모음집

이 모음집은 독자가 퍼스널 브랜드를 설계·실행·확장할 때 ChatGPT 같은 AI 도구에 바로 입력할 수 있는 예시 프롬프트입니다. 필요할 때마다 복사·활용해보세요.

◆ 활용 팁

프롬프트에 나의 상황·직업·키워드를 최대한 구체적으로 적을수록 결과가 더 맞춤형으로 나온다.

AI가 제안한 답변은 **최종 답이 아니라 초안**이다. 내 경험과 맥락을 더해 다듬어야 나만의 브랜드가 된다.

같은 프롬프트라도 반복적으로 사용하면서 **다른 버전의 답변**을 비교해보는 것이 좋다.

1. 퍼스널 브랜드 자가진단

> 나는 내 퍼스널 브랜드를 점검하고 싶어.
> 내 브랜드 키워드는 [여기에 적기],
> 내가 활동하는 분야는 [여기에 적기]야.
> 이 정보를 바탕으로
> 1) 나의 브랜드 강점 3가지,
> 2) 약점 3가지,
> 3) 개선해야 할 실행 전략 3가지를 제안해줘.

2. 핵심 메시지 & 슬로건 만들기

나는 [분야/직업]이야.

내 강점은 [여기에 적기],

내가 전달하고 싶은 가치는 [여기에 적기]야.

이 정보를 바탕으로

1) 내 브랜드 핵심 메시지 문장 3개,

2) 짧고 기억하기 쉬운 브랜드 슬로건 5개를 제안해줘.

3. 콘텐츠 기획 & 채널 전략

나는 [브랜드 키워드]를 중심으로 콘텐츠를 만들고 싶어.

내 주요 활동 채널은 [예: LinkedIn, Instagram, YouTube]이야.

이 정보를 바탕으로

1) 채널별 맞춤 콘텐츠 주제 5개,

2) 실행할 수 있는 콘텐츠 아이디어 3개,

3) 초기 1개월 콘텐츠 업로드 계획표를 제안해줘.

4. 네트워킹 & 협업 전략

나는 [분야/직업]이고, 내 브랜드 키워드는 [여기에 적기]야.

앞으로 6개월 안에 네트워크를 확장하고 싶어.

이 정보를 바탕으로

1) 참여할 만한 온라인/오프라인 커뮤니티 유형,

2) 내가 먼저 제공할 수 있는 가치,

3) 협업으로 이어질 수 있는 실행 아이디어를 제안해줘.

5. 리브랜딩 & 브랜드 확장

나는 현재 [현재 브랜드 이미지]로 인식되고 있어.

하지만 앞으로 [원하는 미래 브랜드 이미지]로 확장하고 싶어.

이 정보를 바탕으로

1) 지금 이미지에서 바꿔야 할 요소 3가지,

2) 추가해야 할 브랜드 키워드 3개,

3) 리브랜딩을 위한 6개월 실행 전략을 제안해줘.

6. 미래 비전 선언문 작성

나는 [직업/정체성]이고, 내 브랜드 키워드는 [여기에 적기]야.

앞으로 10년 안에 [이루고 싶은 목표]를 달성하고 싶어.

이 정보를 바탕으로

1) 나의 정체성(Identity),

2) 가치(Value),

3) 행동(Action),

4) 비전(Vision)

을 담은 미래 비전 선언문을 작성해줘.

7. 동기부여 & 실행 플랜

나는 지금 내 브랜드를 성장시키기 위한 동기부여가 필요해.

내 상황은 [여기에 적기],

내 목표는 [여기에 적기]야.

이 정보를 바탕으로

1) 나를 격려하는 동기부여 메시지 3가지,

2) 오늘 당장 실행할 수 있는 행동 3가지,

3) 6개월 실행 플랜 요약을 제안해줘.

8. 강연 주제 정리 프롬프트

"나는 [직업/전문 분야]이다. 내가 가진 경험과 전문성을 바탕으로 청중에게 도움이 될 수 있는 강연 주제 5가지를 제안해줘."

활용 예시 :

"나는 5년 차 헬스 트레이너이다. 내가 가진 경험과 전문성을 바탕으로 청중에게 도움이 될 수 있는 강연 주제 5가지를 제안해줘."

9. 협업 아이디어 도출 프롬프트

"나는 [전문 분야]에서 활동 중이다. 다른 직업군이나 기관과 협업할 수 있는 새로운 프로젝트 아이디어 5가지를 제안해줘."

활용 예시 :

"나는 영어 교육 분야에서 활동 중이다. 다른 직업군이나 기관과 협업할 수 있는 새로운 프로젝트 아이디어 5가지를 제안해줘."

10. 네트워킹 자기소개 초안 프롬프트

"나는 [경력/전문 분야]이다. 네트워킹 자리에서 30초 이내로 할 수 있는 간단한 자기소개 멘트 3가지를 작성해줘."

활용 예시 :
"나는 10년 차 디자이너이고, 최근에는 AI 기반 디자인 툴을 연구하고 있어. 네트워킹 자리에서 30초 이내로 할 수 있는 간단한 자기소개 멘트 3가지를 작성해줘."

■ AI로 만드는 나의 시각 아이덴티티 실습 프롬프트
(Design Your Visual Identity with AI Tools)

1. 나만의 로고 만들기
- 활용 도구 : ChatGPT · Canva · Looka · Hatchful
- 프롬프트 예시

"내 퍼스널 브랜드 이름은 [브랜드명] 입니다.
키워드는 [신뢰, 성장, 진정성],
활동 분야는 [경영컨설팅, 코칭, 강연] 입니다.
위 정보를 바탕으로 심플하면서 전문적인 느낌의 로고 콘셉트 3가지를 제안해줘.
색상, 아이콘, 폰트 스타일을 포함해 설명해줘."

☞ TIP
- Looka, Hatchful은 이름·업종 입력만으로 로고 자동 생성

- Canva의 "AI 로고 생성기" 기능을 사용하면 폰트·색상 조합을 자동 추천받을 수 있다.

2. 브랜드 컬러 팔레트 정하기
◉ 활용 도구 : AI Colors · ChatGPT

◉ 프롬프트 예시

"내 브랜드 키워드는 [전문성, 신뢰, 따뜻함],
타깃은 [직장인, 창업가], 전달하고 싶은 이미지는 [안정적이고 따뜻한 느낌] 입니다.
어울리는 3~5가지 컬러 팔레트를 HEX 코드(#)와 함께 제안해줘.
각 색상의 의미도 함께 설명해줘."

◉ 예시 결과
- #002F6C (신뢰) · #F2C94C (긍정) · #EAEAEA (균형) · #F2994A (에너지)

☞ TIP
- AI Colors는 브랜드 성격에 따라 색상을 자동 분석하여 조합 제안
- ChatGPT에 "신뢰와 따뜻함이 느껴지는 색상 조합"이라고 입력하면 감성 기반 팔레트 생성 가능

3. 브랜드 폰트 정하기
◉ 활용 도구 : FontJoy · WhatFontIs · ChatGPT

◉ 프롬프트 예시

"내 브랜드는 [따뜻하지만 전문적인 비즈니스 코칭 브랜드] 입니다.
제목용과 본문용으로 사용할 폰트 2가지 조합을 추천해줘.
각 폰트가 주는 느낌과 조합 이유를 함께 설명해줘."

◉ 예시 결과
- 제목용 : Montserrat Bold (현대적이고 자신감 있는 인상)
- 본문용 : Noto Sans KR Regular (가독성 높고 안정적)

☞ TIP
- FontJoy는 '폰트 감성 조합'을 AI가 자동 매칭
- WhatFontIs는 이미지에서 폰트를 인식해 비슷한 서체를 찾아준다.

4. 나만의 명함 디자인하기

◉ 활용 도구 : Canva · Adobe Express · ChatGPT

◉ 프롬프트 예시

"내 브랜드명은 [브랜드명], 슬로건은 [함께 성장하는 경영 파트너] 입니다.
메인 컬러는 [#002F6C / #F2C94C], 로고는 이니셜형입니다.
위 정보를 기반으로 전문적이고 신뢰감 있는 명함 디자인 구조를 제안해줘.
전면·후면의 구성과 배치 포인트를 함께 설명해줘."

☞ TIP
- Canva 템플릿에서 브랜드 색상과 로고를 적용하면 즉시 일관된 명함 생성

- ChatGPT의 제안을 참고해 여백, 균형, 서체 크기 등을 조정하면 완성도 상승

5. AI 프로필 사진 제작하기
- ⊙ 활용 도구 : Remini · Aragon AI · DALL·E 3
- ⊙ 프롬프트 예시

"나는 [경영지도사 / 코치 / 강연자] 입니다.
내 이미지는 [신뢰감 있고 따뜻한 전문가] 로 표현하고 싶습니다.
프로필 사진의 배경색, 복장, 조명, 표정, 촬영 각도를 제안해줘.
DALL·E 3로 생성 가능한 스타일이라면 '비즈니스 전문가 프로필 이미지'로 만들어줘."

☞ TIP
- Remini : 인물 사진 화질 개선
- Aragon AI : AI 인물 프로필 생성 (정장/비즈니스/창의형 등 선택 가능)
- DALL·E 3 : 콘셉트 기반 이미지 생성 (예: '밝은 조명 속 컨설턴트')

6. 나의 시각 아이덴티티 가이드 정리하기
- ⊙ 활용 도구 : ChatGPT · Canva · Notion · Gamma
- ⊙ 프롬프트 예시

"내 퍼스널 브랜드의 시각 아이덴티티 가이드를 한 페이지로 정리해줘.
로고, 컬러, 폰트, 명함, 프로필 이미지, SNS 톤앤매너를 항목별로 요

약해줘.

디자인 가이드 형식으로 보기 좋게 구성해줘."

☞ TIP
- Gamma는 텍스트를 자동으로 슬라이드 형태로 시각화
- Canva에서는 '브랜드 킷(Brand Kit)' 기능을 이용해 색상, 폰트, 로고를 통합 관리

30일 브랜딩 챌린지

하루 10~15분, 30일 동안 실행하면 나만의 퍼스널 브랜드 기반을 완성할 수 있습니다.

각 챌린지는 생각하기(자가진단) → 기록하기(워크북) → 실행하기(실습)순서로 진행됩니다.

1주차 : 나를 발견하기 (Identity)

Day	챌린지 미션	작성/실행
1일	나를 한 문장으로 소개하기	
2일	내가 잘하는 일 3가지 적기	① ____ ② ____ ③ ____
3일	사람들이 나를 칭찬했던 말 기록	
4일	내 브랜드 키워드 후보 5개 뽑기	① ____ ② ____ ③ ____ ④ ____ ⑤ ____
5일	나의 약점·보완점 3가지 적기	
6일	"나는 누구인가?" 자기소개 글 (200자) 작성	
7일	한 주 정리: 내 브랜드 핵심 키워드 3개 선택	① ____ ② ____ ③ ____

2주차 : 메시지 만들기 (Message)

Day	챌린지 미션	작성/실행
8일	내가 중요하게 여기는 가치 3가지	
9일	내 가치와 연결된 브랜드 슬로건 3개 구상	
10일	롤모델의 브랜드 슬로건 조사 & 기록	
11일	"나의 브랜드 핵심 메시지" 1문장 정리	
12일	SNS 프로필 소개 문구 수정하기	(전 before / 후 after 기록)
13일	내 브랜드를 표현할 색상·이미지 찾아보기	
14일	한 주 정리: 브랜드 메시지 완성하기	

3주차 : 표현하기 (Expression)

Day	챌린지 미션	작성/실행
15일	프로필 사진 점검 & 업데이트	Before: _____ / After: _____
16일	SNS 채널(LinkedIn, Instagram 등) 톤앤매너 정리	

Day	챌린지 미션	작성/실행
17일	짧은 자기소개 영상(1분) 시나리오 작성	
18일	내가 다룰 콘텐츠 주제 3가지 정하기	
19일	글쓰기: 내 브랜드 주제로 글 1편 작성	
20일	카드뉴스/이미지 콘텐츠 기획해보기	
21일	한 주 정리: 나의 브랜드 표현 키트 만들기	(사진·슬로건·콘텐츠 주제)

4주차 : 확장하기 (Expansion)

Day	챌린지 미션	작성/실행
22일	내 브랜드를 알릴 수 있는 네트워크 3곳 기록	
23일	새로운 사람에게 브랜드 기반 자기소개 하기	이름: _____ / 피드백: _____
24일	LinkedIn/블로그에 브랜드 글 1편 게시	제목: _____ / 반응: _____
25일	동료·친구에게 내 브랜드 피드백 요청	주요 피드백: _____
26일	6개월 뒤 나의 브랜드 목표 설정	

27일	"내 브랜드가 세상에 미칠 영향력" 작성	
28일	미래 비전 선언문 초안 작성	
29일	전체 여정을 돌아보고 가장 뿌듯했던 변화 기록	
30일	나만의 〈브랜드 성장 선언문〉 완성	

☞ 최종 미션 : 나의 브랜드 성장 선언문

"나는 _____ 이다.
나는 _____ 를 가치로 삼고,
앞으로 _____ 을 통해 성장하겠다.
그리고 10년 후, 나는 _____으로 기억되기를 원한다."

이 30일 브랜딩 챌린지는 책의 독자들이 "읽고 끝나는" 것이 아니라, 직접 행동으로 브랜드를 완성할 수 있도록 돕는 실천형 부록입니다.

AI 시대 나는 어떻게 살아남을 것인가
- 퍼스널 브랜드 전략!

초판발행일 | 2025년 12월 15일

지 은 이 | 안영재
펴 낸 이 | 배수현
디 자 인 | 천현정
홍   보 | 배예영
물   류 | 이슬기
문   의 | 안미경

펴 낸 곳 | 가나북스 www.gnbooks.co.kr
출 판 등 록 | 제393-2009-000012호
전   화 | 031) 959-8833(代)
팩   스 | 031) 959-8834

ISBN 979-11-6446-139-4 (03120)

※ 가격은 뒤표지에 있습니다.
※ 잘못된 책은 구입하신 곳에서 교환해 드립니다.